ŒUVRES

DE

SAINT-SIMON & D'ENFANTIN

PRÉCÉDÉES DE DEUX NOTICES HISTORIQUES

XXXIe VOLUME

ŒUVRES

D'ENFANTIN

PUBLIÉES PAR LES MEMBRES DU CONSEIL

INSTITUÉ PAR ENFANTIN

POUR L'EXÉCUTION DE SES DERNIÈRES VOLONTÉS

ONZIÈME VOLUME

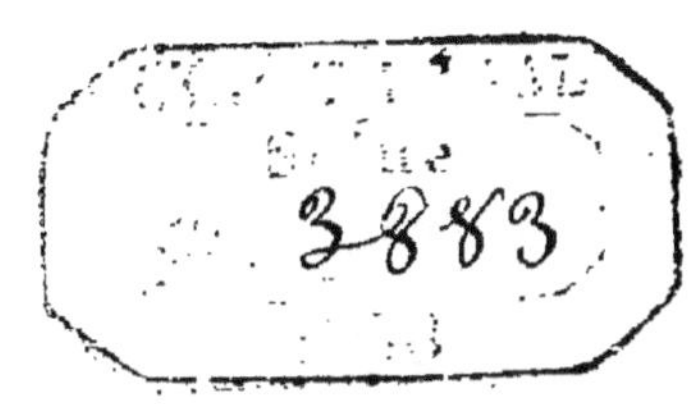

PARIS

E. DENTU, ÉDITEUR

LIBRAIRE DE LA SOCIÉTÉ DES GENS DE LETTRES

PALAIS-ROYAL, 17 ET 19, GALERIE D'ORLÉANS

—

1873

Tous droits réservés.

CORRESPONDANCE

INÉDITE

D'ENFANTIN

CCXV^e LETTRE

—

A ARLÈS

Vieux-Caire, 19 juin 1836.

Mon cher Arlès, j'ai reçu vos deux lettres des 3 avril et 5 mai, avec les 500 francs que me portait la première, au nom de Drut et au vôtre ; cette somme, ainsi que divers petits envois qui m'ont été faits de Paris, est venue fort providentiellement au secours de la mauvaise administration de ce pays, où les appointements des employés sont, en ce moment, arriérés de neuf à dix mois.

Votre seconde lettre m'est parvenue hier ;

Bruneau était près de moi ; il n'a pas reçu le duplicata de la première, et les bagues et sautoirs que vous m'annonciez ne me sont pas parvenus. J'ai remis à Bruneau le billet de Michel. Depuis vos lettres vous aurez appris la nouvelle position du brave capitaine ; elle me paraît bonne sous tous les rapports : financièrement, moralement et politiquement : il a cinq bourses d'appointement par mois (675 francs environ). Sa femme est enceinte, et il est associé à un homme qui nous paraît avoir un bel avenir en perspective dans ce pays. Voilà donc qui résout ce qui le concerne dans vos projets.

Nous avons été tous deux étonnés que vous ne nous ayez rien dit à ce sujet de Jules ; vous me parlez de Reboul, qui est en effet un bon et brave travailleur ; mais, avant tout, c'est moi qui vous préoccupe, venons donc à moi.

Et d'abord, vu l'emploi que vous avez cru devoir faire de mes deux lettres, je me félicite de n'avoir cherché en aucune manière à tracer d'ici la route que vous deviez leur faire suivre, certain que j'étais qu'il me fallait nécessairement vous laisser toute liberté à ce sujet. Toutefois afin que notre communion soit plus intime, **et maintenant que votre spontanéité a marché** où bon lui semblait, je crois devoir vous dire, à ce sujet, ma pensée; cela m'amènera naturellement aux propositions personnelles que vous me faites pour mes voyages.

Comment le nom de Thiers ne se trouve-t-il dans aucune de vos deux lettres? C'est ce que je ne peux faire accorder avec une première lettre, à moins que vous ne fassiez un peu comme nous autrefois, et que vous cherchiez plutôt la puissance *future* que la puissance *présente*. D'un autre côté, les *intimes* qui vous ont parlé du *terre-à-terre* et de la *politique d'épicier* qu'exige une autre personne, me paraissent dans une erreur profonde que je ne m'explique que de la manière suivante, savoir : que cette personne parle terre-à-terre et en épicier à ceux qu'elle croit être eux-mêmes terre-à-terre et épiciers. Non que je m'exagère la grandeur de vues de cette personne, mais je ne saurais voir un myope là où pourtant je ne vois pas un aigle. En d'autres termes, je pensais que mes lettres iraient, la première, outre Michel, à Thiers ou plutôt au Roi; la seconde, outre Barrault, au Roi ou plutôt à Thiers, et pas plus loin.

Songez que ma première lettre était sur la

politique *intérieure*, au moment où Thiers était à *l'intérieur;* quelle présageait son élévation à la tête du ministère ; et enfin que la seconde traite des affaires *extérieures* au moment où Thiers est chargé de ce portefeuille.

Je le répète, l'absence du nom de Thiers dans ces lettres m'annonce qu'il y a un fait grave dans la politique, dont je n'ai pas conscience, et que vous sentez instinctivement sans pouvoir l'exprimer ; ou bien elle montre que vous, au contraire, n'avez pas conscience de la puissance d'un agent politique que, de mon côté, je ne vous ai pas signalé assez nettement.

Et maintenant j'arrive au voyage. Être voyageur de MM. Dufour frères et Cie, dont le but serait de gagner de l'argent par mon voyage, c'est-à-dire d'avoir des consignatious de cocons ou des achats habilement exécutés, et soignés dans leur expédition, ceci me paraît un rêve de votre tendre affection pour moi. Je serais très-volontiers voyageur de la maison Arlès, Drut, Decaen, Barrault, Michel, etc., quels que soient les ordres que me donnerait cette maison; mais de la maison Dufour frères et Cie, je ne suis pas cela, à moins que la maison

Dufour frères et Cie sentît, comme vous le sentez, l'œuvre que je suis capable de faire; mais ceci n'est pas et ne peut pas être.

Je vais plus loin, c'est que je ne sens pas que ma vie *pratique* soit une vie industrielle. J'ai été, dans ma vie passée, industriel tout autant qu'il m'en faut pour la vie que Dieu m'a donnée. Ma vie pratique, c'est de la *politique* et de *la morale* PRATIQUES comme j'ai fait de la *politique* et de la *morale* THÉORIQUES, depuis que j'ai atteint vraiment âge d'homme, c'est-à-dire depuis que Dieu m'a dit qui j'étais.

Ceci, je crois, est incompris de Duveyrier et d'Aglaé, et je crois que vous-même vous n'avez pas assez nettement conscience de la justesse de ce que je viens de dire, sans cela la recherche que vous faites des moyens de *me ramener au monde* serait dans une autre direction, et même vous ne jugeriez possible *mon retour au monde*, qu'autant que vous verriez en *lui* et non *en moi* la volonté et la recherche de cette union. Je serais donc volontiers voyageur de la maison Arlès, Drut, etc., vous ai-je dit, et je serais aussi très-volontiers voyageur de la maison Thiers, Palmerston, Metternich, etc., ou même de la maison Louis-Philippe, mais je me hâte d'ajouter, pourvu que ce soit après la lecture que ces messieurs auraient faite des produits de mon petit talent de société, de manière à ce qu'ils puissent eux-mêmes juger *ma capacité*. Tant que je n'enverrai pas à MM. Dufour frères et Cie, ou des échantillons de cocons ou un mémoire sur le commerce de ce produit, je trouve qu'il serait indélicat de me faire défrayer par eux d'un voyage auquel ils ne consentiraient que par surprise, et qu'ils subiraient comme un impôt que vous lèveriez sur eux, de telle sorte que, d'après les personnes auxquelles vous avez fait lire mes lettres, vous devez penser que je serais plus volontiers voyageur de Bertin de Vaux, etc. (*Journal des Débats*), ou de Lamartine (parti social, je crois), ou de Gasparin (fonds secrets, je crois), que de Dufour frères et Cie, mais d'après ce que je vous ai dit plus haut, vous devez voir que ce ne sont pas précisément ces patrons que je préférerais.

Sous une autre forme. Je vis aujourd'hui des fruits de mon travail passé, en ce sens que ce sont des hommes qui m'ont nommé leur Père, pour les œuvres que j'ai faites et que je leur ai fait faire, qui me donnent le pain que je mange;

je jouis, pour ainsi dire, d'une *retraite* sous ce rapport ; c'est le fruit de ma vie *théorique*. Si je veux, pour ma vie pratique, une solde d'activité, je ne désire pas toufefois une sinécure; je veux que celui qui me la donnera sente bien que c'est en échange d'un service réel, quand bien même il estimerait ce service au-dessous de ce qu'il vaut.

Or, rappelez-vous votre rêve, qui se terminait par le rôle d'inspirateur, rêve que j'adopte sous beaucoup de rapports, et vous verrez que la route que je vous indique mène bien mieux à l'accomplissement de ce rêve que celle que vous avez conçue.

Tant que les hommes que je devrai inspirer plus tard complètement, régulièrement, n'auront pas manifesté le désir d'avoir des inspirations incomplètes, irrégulières de moi, nous ne serons pas sur la route qui mène à votre rêve. Or, ce ne sont pas MM. Dufour frères et Cie que vous voulez me voir inspirer un jour. Amenez donc, peu à peu, ceux que je dois inspirer un jour à me *demander* mes inspirations, alors nous serons en bon chemin, et le jour où ils me les *paieront*, soit directement, soit par votre intermédiaire, ne donnassent-ils qu'une obole, sera un grand jour pour moi et pour vous ; ce sera enfin un appel du monde ; appel qui a déjà été fait à plusieurs de ceux qui sont nés de moi, mais qui ne leur sera toutefois dignement adressé à eux-mêmes que le jour où l'on commencera à me l'adresser également.

Jusqu'au procès en cour d'assises, on a dû croire que j'étais un habile homme qui exploitait des niais. Après, on a un peu cru le contraire, témoin Lamartine, qui ne trouvait qu'une lacune dans le saint-simonisme, l'absence de chef, et alors le monde a reçu passablement dans son sein, mais à peu près sous condition de dissimuler, sinon de renier leur origine, ces jeunes hommes qui avaient eu un niais pour chef ; toujours est-il que leur talent et leur moralité même seront au moins très-*inexplicables*, sinon *suspects*, tant que celui dont ils sont sortis sera traité comme *nul* ou comme *dangereux*. C'est donc comme un homme *utile* que vos efforts doivent tendre à me faire reconnaître par les *princes du monde*, et c'est bien là votre but en me proposant le voyage ; mais j'ai dit par les *princes du monde*, parce que évidemment je suis un peu plus fort en politique qu'en cocons, et qu'il vaut mieux me prendre par où je suis fort.

Je n'ai pas bien compris non plus la triple épithète que vous donnez aux personnes que le système représentatif donne pour ministres au Roi, et cela rentre dans ce que je vous disais sur Thiers. Au reste le discours de celui-ci, en avril, sur les douanes (chap. des dép.) et celui de Montalivet à la chambre des Pairs, me paraissent très-remarquables. Celui-ci parce qu'il a traité la question *politique*, l'amnistie, en termes excellents ; l'autre, parce qu'il a traité la question des *intérêts*, les douanes, avec une habileté dont je ne connais pas d'exemple dans les fastes parlementaires, et dont je vous signalais l'indispensabilité dans ma première lettre. Seulement, j'espérais qu'on trouverait cette habileté dans un ministre des finances ou du commerce ; Thiers veut mériter plusieurs couronnes ; raison de plus pour me rendre votre silence plus inexplicable.

Guéroult parle à Lambert d'un sérieux projet d'organiser un journal, sous la direction de Michel, où les rédacteurs, tous nourris de la nourriture saint-simonienne, se trouveraient plus à l'aise qu'ils ne le sont dans les journaux où ils travaillent aujourd'hui. Cela me paraît prématuré et même faux. Quelle que soit la gêne que Coste impose à Guéroult, Bertin de Vaux à Michel, Carrel ou autre à Pereire, etc., Michel, Guéroult, Pereire, et tant d'autres sortis de la même école, se gêneraient, bien plus encore les uns les autres s'ils voulaient faire œuvre commune ; une vieille et fausse camaraderie, de vieux liens d'une plus fausse hiérarchie, des formes très-*spéciales,* très-tranchées, se heurteraient d'autant plus qu'on se croirait un but *commun.* D'un autre côté, l'autorité de tous les jeunes noms n'est pas encore assez grande pour que le public, en les voyant accolés les uns aux autres ne se hâte pas de signaler en eux une continuation du *Globe,* et ne réveille contre ce petit corps d'armée des souvenirs qui n'ont que quatre à cinq ans de date. Je trouve que, selon l'expression de Rodrigue, les saint-simoniens *éparpillés* dans la presse ne peuvent pas encore être *réunis* ni même *dirigés.* Quelques-uns peuvent être *influencés* utilement, mais en conservant toutefois la grande liberté d'obéir ou de refuser, et cela ne se peut qu'à la condition de l'éparpillement dans les mille voies de la presse.

Le moment ne me paraît pas d'ailleurs favorable pour chercher à formuler l'expression d'une opinion *publique* sur quoi que ce soit, de même que le ministère ne saurait avoir dans les chambres une *majorité* compacte, fixe, régulière ; ce qu'il faut à la marche des affaires publiques, c'est : 1° une lassitude dans les vieux *partis politiques* qui leur permette, tout en conservant leurs *noms*, de marcher là où leurs *intérêts* les attireront, et ceci existe déjà ; 2° une grande habileté dans le pouvoir à suspendre sur chacun de *ces partis* non l'épée de Damoclès, mais l'appât qui flatte soit leur *amour-propre*, soit leur *vanité*, soit leur *égoïsme*, afin de faire tourner au profit de l'ordre tous ces éléments d'anarchie, et voilà encore pourquoi M. Thiers me paraît un merveilleux instrument de la Providence pour ce moment.

Je sais bien qu'une pareille situation ne peut durer longtemps, qu'elle n'est que transitoire, et que du moment où la société française ou européenne aurait une grande œuvre à faire, la tactique gouvernementale et les travaux de la presse, tels que je viens de les indiquer, changeraient de forme ; mais il me semble que la phase actuelle doit s'exprimer de la manière suivante : 1° *endormir* les chambres et la presse ; 2° *éveiller* l'administration ; et j'entends par ces derniers mots s'occuper spécialement du *personnel* des sous-préfectures, préfectures, Conseil d'état, chefs de division des ministères, ambassades, consulats — de telle sorte qu'au moment de *l'action*, d'une part on ne serait pas gêné par la *discussion*, de l'autre on serait puissamment aidé par *l'exécution*. La tendance me paraît être de réduire les deux faces THÉORIQUES de la politique, savoir : la *presse* et les *assemblées* délibérantes, à leur véritable rôle, qui est celui de *l'imagination* et de la *réflexion*, c'est-à-dire *l'inspiration* et la *consultation*, et de donner aux faces PRATIQUES de la politique, savoir : le pouvoir *exécutif* et *l'administration*, l'importance dont elles ont besoin pour accomplir de grandes œuvres. *Finesse* pour la première partie de la tâche, *activité, volonté* pour la seconde, voilà les qualités qu'il faut au ministère, et encore une fois Thiers me paraît les posséder.

J'ajoute que le Roi a eu la sagesse d'adjoindre à Thiers un homme sans lequel les qualités du jeune premier ministre viendraient toutes échouer, parce qu'il lui en manque une indispensable, quand il s'agit de constituer un *personnel* nombreux. Cet homme, c'est Montalivet, qui a la bonté, l'aménité, la douceur de formes qui manquent à Thiers. Montalivet est le fils d'une bien belle et bien bonne femme ; son père était un honnête homme, son frère était un des cœurs les plus généreux, une des plus fortes têtes que j'ai connues ; quant à lui, je m'explique l'affection grande du Roi pour lui, par les très-grandes ressemblances que je crois devoir exister entre Louis-Philippe à trente-cinq ans et le Montalivet actuel, ressemblance sous presque tous les rapports : morale, intellectuelle et physique ; l'ancien ami de Dutrône, de Carnot, le templier Montalivet a été jusqu'à vingt-cinq ans ce que Louis-Philippe fut à cet âge, philosophe, républicain, ami des des clubs, s'essayant à la politique, à la législation, muni d'études littéraires et mathématiques assez bonnes. Montalivet est celui de tous les ministres à qui la critique des partis a le plus reproché d'avoir placé ses anciens *camarades,* et par cette critique se trouve signalée une vertu qui, j'en suis certain, n'a pas été l'un des moindres titres à l'affection d'un Roi qui a voulu donner à ses enfants le premier des dons que Dieu réserve à l'homme après l'amour du père et de la mère, l'amitié de camarades de collége. Placé jeune auprès d'un roi qui a les vertus du père de famille, c'est sous son patronage, sous ses yeux, qu'il a formé lui-même sa famille, dans laquelle, j'en suis encore certain, il a transporté les principales qualités dont le Roi lui donnait l'exemple. Ma première lettre vous parlait beaucoup de MM. Thiers et Guizot; à ce dernier le Roi a substitué Montalivet; cependant vous ne vous attendiez peut-être pas à ce que je vous en parlerais autant aujourd'hui. Si vous y réfléchissez cependant, vous verrez que, dans le ministère actuel, comparé à l'ancien, c'est le personnage le plus *significatif,* celui sans lequel le ministère était *impossible,* celui par conséquent sur lequel repose *principalement* la durée, la vie, l'œuvre de ce ministère ; songez que ce ne sont ni les bras, ni la tête qui sont la vie, que partout il faut chercher le fait *moral* pour juger l'Être.

Je me suis bien éloigné du but de ma lettre, n'est-ce pas ? — Peut-être.

Dans ma première lettre je parlais du plai-

sir que j'aurais à voir, soit dans le ministère,
soit dans la famille royale, un homme pouvant
embrasser avec ardeur et pourtant avec calme
la noble cause du prolétaire. Alors je ne pensais pas à Montalivet, et je songeais plutôt au
jeune prince dont la vie se déroule doucement
en dehors de la politique, et qui n'a pas pu et
n'a pas dû prendre encore place d'homme dans
les affaires, mais pour qui le moment approche où, après avoir gagné ses éperons sur des
champs de bataille, il voudra faire ses preuves
sur une scène plus noble et plus grande aujourd'hui que la guerre. Il a respiré de la
poudre tout ce qu'il en faut pour témoigner
de sa bravoure, et il l'a respirée heureusement
dans deux circonstances qui n'ont pas dû lui
donner un goût démesuré et intempestif pour
le métier des armes. Anvers était certes une
grande leçon de fortification, d'artillerie, d'at-
taque et défense de place, de service de tran-
chée, mais, en définitive, c'était comme aux
enfants, un troumadame où l'on tire la bombe
sur des soldats de bois posés sur un fort de
carton. A Alger, quelques escarmouches, des
têtes coupées, dit-on, par des zouaves de l'estra-
pade, puis des sables pour fruit de la victoire,

une ville brûlée ; il n'y a pas là de quoi inspirer grandement le goût des combats ; celui qui aurait vu seulement le coin du tableau que cachait l'éperon de Napoléon à Austerlitz ou à Wagram, aurait reçu au cœur un coup plus vif de l'aiguillon de la gloire que le duc d'Orléans n'a pu en être touché dans ses deux campagnes : savoir supporter de rudes fatigues, connaître le soldat, éprouver le sentiment des dévastations que produit la guerre, acquérir l'élévation que donne à l'homme le spectacle du danger, et l'assurance qu'il prend dans le commandement, exercer son coupd'œil à deviner des hommes, des braves, et aussi à mesurer rapidement la terre, voici ce qu'il aura gagné de plus positif.

Le voyage qu'il fait en ce moment avec son frère me paraît devoir lui être beaucoup plus profitable ; c'est d'ailleurs le dernier terme que je conçoive à son *éducation* proprement dite ; après, sa vie politique devra réellement commencer, et le spectacle des deux grandes monarchies allemandes lui sera très-utile pour rectifier plusieurs idées que la connaissance de la France et de l'Angleterre ont dû lui faire naître, et qui ont besoin du correctif de la raison allemande. Je regrette que son voyage ne s'étende pas

jusqu'à Pétersbourg et Moscou, afin de se terminer par Constantinople ; alors il connaîtrait
non-seulement l'Europe, mais il aurait touché
la grande capitale qui unit l'Europe à l'Orient,
et où s'agitent en ce moment les destinées
du monde chrétien et du monde musulman,
qui, à eux deux, ne forment réellement qu'un
monde.

Je viens de dire que j'avais d'abord songé
à ce prince pour embrasser noblement la
cause du peuple, et pour enlever ainsi aux
brouillons cette admirable clientèle, et que
je pensais maintenant à Montalivet ; c'est qu'en
effet cette tâche est bien grande pour un tout
jeune homme, et qu'il lui faudrait avoir de
bien robustes épaules pour l'entreprendre à
son âge et réussir, quand bien même il serait assuré de l'adhésion de son père. Ce
n'est pas ici une tactique parlementaire à
l'anglaise ; il ne s'agit pas de faire de l'opposition obligée, comme il est d'usage pour
l'héritier du trône dans la Grande-Bretagne ;
ce n'est pas une comédie qu'il faut au peuple,
il faudrait plutôt la jouer aux *ultra-bourgeois*,
mais il n'en faut pour personne ; c'est un
rôle franc, courageux, simple, et qui n'exige

pour ainsi dire qu'une seule qualité, parce que celle-là inspire toutes les autres, c'est la sympathie pour les nobles vertus et pour les immenses douleurs du *travailleur*. Il faut sentir qu'on aime le *travailleur* comme Turenne aimait *le soldat*, ou ne pas s'en mêler. Jusqu'ici on a fait ce qu'on a pu pour faire aimer au prince le soldat et pour le faire aimer du soldat; qu'a-t-on fait pour lui faire aimer le soldat pacifique, *l'ouvrier?* Qu'a-t-il fait pour s'en faire aimer? — C'est pourtant la meilleure et même la seule manière d'en finir avec Henri V.

Ce rôle est d'ailleurs beaucoup plus facile à jouer pour un ministre que pour un prince, et dans le cas particulier où le ministre est chéri presque comme un fils adoptif, le rôle est plus facile encore; toutefois, avec le Roi d'une part, dont la haute prudence et les vertus toutes plébéiennes *inspireraient* les actes du jeune prince, et de l'autre avec Montalivet, presque camarade du prince, presque fils du Roi qui combinerait et faciliterait ces actes *évolution-naires,* le duc d'Orléans pourrait se lancer avec confiance dans cette glorieuse carrière, où Henri IV et Sully seront les patrons dans l'his-

toire, comme son père et Montalivet seraient
ses patrons vivants.

Relisez le passage de ma première lettre sur
ce sujet.

Le but politique immédiat doit être, je le
répète, d'enlever aux *révolutionnaires* ou contre-
révolutionnaires cette clientèle *évolutionnaire*, et
il n'y a pas besoin pour cela de se faire sans-
culotte, tribun ou soudoyer de populace, il ne
faut pas même que le prince se fasse chef de
fabriques, comme il est chef de troupes, mais
il doit étudier les grandes manœuvres de l'industrie, la stratégie de la production, et témoigner son estime pour le *travail* à l'égal de son
estime pour la *bravoure;* aimer l'ouvrier comme
le soldat, l'atelier comme la caserne, le chan-
tier comme le champ de bataille. Jusqu'ici il a
été entouré de militaires instruits et braves; il
lui faut non pas une nouvelle société, mais de
nouveaux hommes dans son entourage. Un
jour il n'aura pas auprès de lui seulement un
ministre de la guerre, il aura aussi un ministre des finances, un ministre du commerce et
des travaux publics, un ministre de la marine :
il doit déjà en avoir les représentants près de
lui. Son éducation et ses preuves comme *soldat*

sont faites; peut-on en dire autant comme administrateur, financier, *industriel* ? Il sait *détruire*, sait-il *produire* ?

Je crains que dans son voyage d'Angleterre il ait beaucoup plus visité les vaisseaux de guerre et les arsenaux de la marine que les Docks et les grandes usines; je crains aussi qu'en Prusse et en Autriche on ne le farcisse encore de parades, de revues, de petites guerres, et qu'il revienne sans avoir vu les *régiments* de mineurs du Hartz, les grandes fabriques de Silésie, les nouveaux travaux de communication, de navigation qui doivent lier le Rhin, le Danube, la mer Noire et la Méditerranée à la Baltique; je crains qu'il revienne instruit du nombre de *soldats* que peuvent mettre sur pied toutes les puissances allemandes, de l'état des différentes armes, de la force ou de la faiblesse des principales villes de guerre, mais qu'il soit un peu moins fort sur la situation économique, industrielle, *productrice* de tous les pays. Comment en serait-il autrement? S'il avait été accompagné dans ses voyages par M. Dupin aîné, il aurait très-bien vu les tribunaux, première instance, appel, cassation, conseil d'État même et chambres législatives, rien n'aurait manqué ; or il n'a, je crois, avec lui que des aides de *camp,* il ne verra bien que des *camps.*

Heureusement aujourd'hui toute âme jeune, bien plantée, aspire à faire du neuf, et il n'est pas mauvais qu'elle soit rassasiée de bonne heure des vieilles nourritures qui alimentaient autrefois les grandes âmes, ne fût-ce que pour acquérir la conviction qu'il n'y a plus rien de grand à faire en ce moment avec elles, et que c'est ailleurs qu'il faut chercher la vie et la gloire.

Dans son voyage le prince verra heureusement en Prusse M. Ancillon, en Autriche M. de Metternich, qui tous deux ne sont pas de fameux troupiers, et qui cependant gouvernent de grandes monarchies ; en France, M. Thiers n'est pas un César ; je ne sache pas que lord Palmerston soit un Alexandre ; la moindre réflexion sur ces quatre hommes peut le mettre sur la voie de son propre avenir, car ils sont à la tête des affaires européennes.

Vous voyez, mon cher Arlès, qu'en échange du plan de voyage que vous faisiez pour moi, je vous en envoie un autre. Le vôtre au moins arrivait avant, le mien sans doute n'arrivera qu'après ; c'est égal, je l'ai écrit parce qu'il venait ainsi sous ma plume, et avec l'espoir qu'il pour-rait être bon à connaître même après coup.

Mais je reviens à moi.

Ch.... m'a écrit une longue et tendre lettre ; il me dit que j'attends en ce moment des révéla-tions des femmes et du monde, et que c'est à ce dernier titre que vous et lui m'écrivez, tandis que Aglaé m'écrit aussi : je crois qu'il s'est un peu trompé, en se désignant comme étant du monde.

Vous-même, mon cher Arlès, qui n'avez pas porté l'habit et vécu à Ménilmontant, qui n'êtes jamais sorti du vieux monde, vous-même, dis-je, vous n'êtes pas ce que j'appelle *le monde,* lorsque je dis que j'attends qu'*il* me rappelle, vous êtes sur la lisière ; mais Ch.... a beau faire, il *en est sorti,* et il n'y rentrera que par celui qui l'en a fait sortir, par moi ; je veux dire qu'il ne sera vraiment du monde que lorsque j'en serai. Il est résulté de ce titre qu'il se donnait à tort, que sa lettre a embrassé un sujet tant soit peu en dehors de lui, et qu'il l'a traité naturellement en termes qui lui sont également un peu étrangers, puisque sa lettre est une prédication *chré-tienne.*

Ch.... ne s'est pas aperçu que la plupart des

sentiments qu'il me prêchait étaient une révélation qu'il tenait bien plus encore de mes lettres à Aglaé depuis un an que du *monde*; aussi s'est-il occupé bien plus de ma vie morale que de ma vie politique; or il me paraît *évident* que c'est au monde, c'est-à-dire aux hommes, à me parler de ma vie politique, et aux femmes à me parler de ma vie morale; et voilà pourquoi vous avez dû, vous, ne parler que de ma vie politique. Toutefois comme cette division de morale et politique ne peut jamais se faire d'une manière abstraite, il y a une partie de ma vie politique qui frise l'ordre *moral*, et sur laquelle il est bon que nous soyons parfaitement d'accord; c'est ce qui répond aux mots de *dignité personnelle* dans la voie que je dois suivre pour revenir au monde.

Vous ne croyez pas comme Ch....; dites-vous, que je puisse *tout d'un coup* rentrer dans le monde en bon bourgeois, mais vous croyez que je dois y rentrer *d'ici à deux ans*. Est-ce aussi *en bon bourgeois?* Je ne le crois pas. Tous mes enfants ont pu rentrer dans le monde en *bons bourgeois*, et pourtant, je le répète, ils ne sont aux yeux du monde, ni du monde, ni bourgeois, ils sont toujours des saint-simoniens qui ont quitté l'habit, et ne seront du monde que lorsque j'en serai, c'est-à-dire lorsque le monde manifestera, par son organe *officiel*, son retour vers moi ou plutôt sa venue vers moi. Je puis donc *tout d'un coup* rentrer dans le monde, comme dit Ch...., c'est possible, mais il ne suffit pas pour cela que j'en aie l'envie. A mes enfants leur volonté a suffi pour rentrer dans le monde, à moi non. C'est là que je place ma dignité.

Je ne suis pas humilié de vivre de l'aumône de ceux qui m'aiment, je serais humilié si pour vivre il me fallait me renier et cacher mon Dieu devant ceux qui, m'estimant peu avant mon blasphème, m'estimeraient moins encore après, et qui ne m'emploieraient que comme on emploie un forçat. Je conçois que, par une transaction très-sainte, sans renier, sans dissimuler, je m'abstienne de toute prédication d'ailleurs inutile, intempestive, et c'est ce que je fais, depuis que j'ai pris ici le costume bourgeois de ce pays. Et voilà (je vous le dis en passant, quoique vous ne m'ayez pas parlé comme Ch.... de ma vie morale), voilà pourquoi Ch.... se fait une grande illusion lorsqu'il pense que, pour témoigner à une femme et à un enfant mon amour, je puis employer des formes qui sont actes de renégat ; actes que j'aime et estime dans d'autres, que je ne sens pas en moi. Quoi qu'en dise Ch...., c'est là la *vertu* par excellence aux yeux du *monde*, vertu qui passe avant toutes les vertus, précisément parce que le monde est encore chrétien malgré lui, et que le plus grand de tous les crimes, même pour nos sociétés impies, pour nos bourgeois très - profanes, c'est le sacrilége. Et que l'on ne s'y trompe pas, même chez les musulmans il en est ainsi, et il me faudrait vivre chez de vrais païens, chez des idolâtres, chez des fétichistes, pour donner à mon enfant lui-même du pain qui fût le prix de ma foi, de mon âme, qui fût la chair de mon Dieu vendu, crucifié, déchiré par moi.

En *politique*, je ne serais pas *soldat*, quand bien même je ferais serment par devers moi de ne pas tirer l'épée.

En *morale* je ne serais pas *époux*, quand bien même je ferais serment par devers mon Dieu, père et mère de tous et de toutes, de pratiquer sa loi d'égalité. Ma vie ne doit-elle pas être un exemple, un type, une manifestation *pratique* aussi bien que *théorique* de la vie de mon Dieu? Si je ne me conservais pas religieusement ce caractère, où donc serait aujourd'hui sur la terre les signes de la révélation divine? la chaîne des êtres serait interrompue, et cette constance, cette inflexible ténacité qui fait de nos jours un niais de Lafayette, n'en a pas moins fait un honnète homme, respecté, estimé de tous ; et sans cette vertu, quoiqu'en dise Ch...., on ne croit pas aux vertus de *famille*, et on a raison. Et au-dessous de toutes les faiblesses, au-dessous de tous les crimes, c'est la lâcheté qui marque du plus sale déshonneur, quand bien même on prétend l'employer pour améliorer le sort de son enfant.

Ch...., par la bouche d'Holstein, me dit que c'est le moment d'être fort, et il me propose tout bonnement de passer pour un pleutre, et de faire acte de couardise, afin, dit-il, de prouver que l'Enfantin, homme aimable et bon enfant autrefois, est maintenant un *honnête homme*, un *homme solide*, un vrai type *du chef de famille !* Non, *Enfantin* (dit-il), vous ne vous humilierez pas en vous faisant *simple, modeste, laborieux, honnête homme ;* puis il termine en me demandant le titre d'ami.

Il y eut un homme parmi nous qui était homme solide comme fer, je voudrais bien savoir ce qu'il aurait dit à Ch...., si Ch.... l'avait nommé Bazard et lui avait demandé son *amitié*.

J'ai dit que mes enfants ne seraient vraiment du monde que lorsque le monde manifesterait par son organe *officiel* sa venue vers moi. Ceci est peut-être obscur, je vais m'expliquer par des exemples, sans toutefois y attacher de l'importance, parce qu'il y a mille manières de satisfaire à ce programme. D'abord je n'entends pas désigner par cette phrase, vous devez le sentir, une conversion générale, universelle, ce serait absurde ; je n'entends pas même indiquer par cette venue vers *moi* que ce soit la venue de quelques hommes haut placés vers le *Messie ;* non, ce sera vers moi industriel, ou ingénieur, ou écrivain, ou diplomate, mais vers moi bien connu pour l'ancien Père Enfantin, qui n'a fait aucun acte public de *renonciation*, de *repentir*, de *conversion*, de *réparation*.

Qu'avant d'être directe et publique, cette venue du monde soit d'abord secrète, indirecte, par votre intermédiaire, par exemple, cela me paraît possible et probable ; qu'elle soit spécialement le résultat de la connaissance qu'on a de ma vie depuis la dissolution de la hiérarchie saint-simonienne, plutôt que de nos trois an-

nées d'apostolat, c'est encore très-probable ; en
d'autres termes, je ne rêve pas de convertir
à ma foi ni un roi, ni un ministre, ni même
la maison Dufour frères et Ce, mais de même
que vous pensiez pouvoir amener Dufour frères
et Ce à me confier une mission *spéciale ,
commerciale* en Orient, de même je crois
qu'on pourrait amener un roi ou un ministre,
à me confier une mission *politique* dans ces
pays ou ailleurs, et pourtant je ne songe en
aucune façon, je vous assure, à être ambassa-
deur, consul ou même élève consul, d'autant
plus qu'il y a beaucoup de choses qu'un ambas-
sadeur et un consul ne peuvent pas voir et faire,
et que moi, moi surtout *Père Enfantin*, je peux
faire et voir. J'ai parlé d'exemples, en voici un :
beaucoup de personnes qui verront, par vous,
les lettres que je vous ai écrites, peuvent savoir
par vous que je ne vis que par vous qui m'a-
dressez l'offrande de ceux qui m'aiment et jugent
mes travaux utiles ; si ces personnes ont, d'après
la lecture de ces lettres, la même opinion que
vous, pourquoi ne vous remettraient-elles pas
leur offrande ? C'est là un des organes *officiels*
de la venue du monde, il est vrai que c'est le
moins *officiel*, aussi je crois que l'on ne peut

commencer que presque mystérieusement, en agissant sur peu d'hommes. Vous sentez d'ailleurs que selon la nature des personnes on est plus ou moins près de la véritable acception de ces mots organes *officiels*, la presse, les chambres, le Gouvernement, qui sont les trois vrais organes officiels du monde, pouvant intervenir plus ou moins dans cette venue, publiquement ou mystérieusement. Je le répète, je n'attache pas de prix à l'exemple que je vous donne, autrement que comme éclaircissement de ma pensée.

Maintenant je reviens à l'aspect *moral* de ma vie politique, il est évident, d'après ce que je vous ai dit de la lettre de Ch...., que je me garderais bien de lui confier le soin de ma *dignité personnelle*, tandis que vous, mon cher Arlès, vous qui, en me pressant la main comme un vieil ami, m'embrassez comme un fils, aujourd'hui que Ch.... m'appelle Enfantin et me demande le titre d'ami, je suis tout disposé à vous regarder comme un religieux défenseur de cette partie de mon être. Pour moi qui ne me sens pas tombé, il ne s'agit pas, comme on dit, de me relever avec grâce, mais de continuer à marcher noblement dans la voie que Dieu m'a tracée. Si donc je ne fais pas offre à tout venant de ma marchandise, si je ne la prostitue pas à la Bourse, si même je ne charge qu'un seul courtier, vous, de flairer l'acheteur, c'est que je suis sûr que vous ne l'offrirez que là où vous serez certain qu'elle sera désirée et non mesquinement dépréciée, marchandée, avilie. Ch.... qui a fait, comme souvent, une escapade sur un terrain qui n'est pas le sien, Ch.... qui (il le dit lui-même) m'a prêché des vertus qui ne sont pas les siennes, qui remuent peu son cœur, qui ne lui arrachent pas de larmes, Ch.... me bénira lui-même un jour pour être passé, comme je passe, devant un précipice que son affection creusait aveuglément devant moi. Il s'est trop laissé aller à composer un dénouement au grand drame que je joue ; j'aime mieux le faire à ma manière, et, s'il l'écrit un jour, je crois qu'il me trouvera encore une fois plus poëte que lui.

Que le bourgeois Arlès agisse donc en poëte, puisque le poëte de Dieu se bourgeoisise.

Le bourgeois Arlès a rêvé qu'après un voyage qui m'aurait inspiré des *actes* je pourrais revenir en France et y occuper une grande et noble position, celle d'inspirateur. Vous me voyez habitant un *palais* près de Paris, et réunissant, pour les inspirer et les diriger, tous les hommes avancés du siècle. Et moi je vous affirme qu'après avoir vu Constantinople, je serais en mesure de mettre en pratique la grande pensée de Saint-Simon : « Maintenant que les dimensions de la Planète sont connues, le plus grand travail consiste à faire le plan d'exploitation du Globe ; » j'affirme que je serai *en effet* en mesure d'inspirer et de diriger les travaux des ingénieurs qui feront ce divin cadastre, c'est-à-dire d'indiquer les pas qu'il faut *actuellement* faire pour marcher le plus rapidement possible vers l'association de tous les peuples pour une œuvre commune.

Mais, je le crois, Arlès, vous n'avez fait qu'un rêve, si vous n'avez compté, pour mon palais et ma liste civile, que sur l'offrande de nos vieux fidèles, quand bien même Dieu les favoriserait tous dans leurs entreprises. Il faut un levain *nouveau* dans notre pâte délayée à grande eau depuis trois ans, il faut qu'un élément *mondain* s'y mêle, puisque nous voulons et pouvons et devons maintenant nous mettre au goût du *monde*, nous qui étions sans sel pour lui, véritables hosties, et, je le répète, je n'entends pas parler ici de ce que nous nommions autrefois des *conversions*, il ne s'agit ni d'admettre une *doctrine entière*, ni de se séparer du monde, ni de mettre son bien en commun, il s'agit de créer une *réputation* semblable à ce qu'on appelle réputation dans le monde : celle de Sieyès, de Talleyrand; dans un autre ordre, celle de Chateaubriand, Lamartine, sont des exemples ; seulement à l'inverse des dernières et un peu comme les deux premières, mais surtout la première ; c'est par le petit nombre et non par les masses que cette réputation peut s'établir. Je sais que, pour favoriser vos efforts en ce genre, et ceux des hommes qui m'aiment, je ne dois pas de mon côté rester inactif et garder le silence. Toutefois, qui veut être reconnu comme prophète, comme oracle, comme inspirateur, ne doit pas trop parler, et je regarde ma lettre à Heyne et les deux que je vous ai écrites, et quelques passages de celle-ci, comme bien suffisantes pour faciliter vos premières démarches.

Je viens de parler de mon voyage à Constantinople, et peut-être demanderez-vous pourquoi je ne l'ai pas fait; la raison est simple, je n'ai pas d'argent. Comme je vous l'ai déjà dit, tout ce que j'ai reçu de France, environ 1,800 francs depuis huit mois, est passé dans les frais de notre maison, Lambert n'étant pas payé depuis neuf à dix mois.

D'ailleurs je ne peux pas faire utilement ce voyage, si je le fais pour ainsi dire à la garde de Dieu, comme un prolétaire, tirant partout le diable par la queue, et m'imposant, comme je l'ai fait ici, à l'hospitalité orientale. Je ne compte pas voyager en pacha, mais je ne voyagerai que lorsque j'aurai des *frais de voyage,* et je ne conçois de frais de voyage que par une voie semblable à celle que je vous ai indiquée, non par la continuation de toutes les petites cotisations de notre vieille famille. J'ai fait même écrire à Brothier que, sans rien refuser des témoignages d'affection que voudront bien m'envoyer mes enfants, je désirais réaliser complètement la formule : les lisières sont coupées, et que je ne prenais ainsi aucun engagement de correspondre avec eux et de les tenir au courant de mes actes. Or, il me paraît naturel qu'en échange de mon silence, je reçoive moins d'argent, et que les dons de mes enfants se répandent sur ceux d'entre eux qui, près d'eux, les affligent du spectacle de leur misère. D'ailleurs je veux être rétribué par ceux qui jugeront mes travaux *actuels* utiles, et ainsi par ceux qui les connaîtront.

Si donc vous jugez praticable un moyen qui rentre dans l'esprit de cette lettre, agissez. Si vous ne voyez rien autre que le voyage pour Dufour frères pour le moment, attendons encore, quoique je ne sente pas très-bien maintenant ce que veut dire l'*attente*, que j'ai si bien comprise jusqu'ici. Dans tous les cas, vous me dites de vous demander de l'argent si j'en ai besoin ; envoyez-m'en donc, car, malgré les beaux appointements de Lambert et de Bruneau, comme ils ne sont payés ni l'un ni l'autre, nous sommes gênés et même endettés.

Peut-être voudrez-vous que je fixe la somme que je jugerais nécessaire pour mes frais de voyage ; je voudrais 1,000 francs par mois, et pourtant je crois que je pourrais, à la rigueur, marcher avec 600, surtout si je devais rester longtemps à Constantinople où 500 francs par mois me suffiraient ; mais je voudrais voir, en passant, la Syrie, une partie de l'Asie Mineure, Smyrne, et enfin avoir toujours un peu d'argent devant moi pour les événements imprévus. Enfin quelle que soit la somme que vous croyez pouvoir m'assurer, dites, je ferai alors peut-être, par quelques combinaisons qui me seront particulières, le complément.

Comme je ne crois pas que vous puissiez arriver à une position officielle, publique, je vous recommande de ne pas oublier cependant les moyens de me mettre dans les rapports les plus convenables, soit avec les autorités, soit avec les négociants ; mais rappelez-vous que la meilleure recommandation dans ces pays c'est l'argent ; c'est avec lui qu'on peut le mieux voir et entendre.

Je crois comme vous que Constantinople doit me mener à Vienne, et cela dans un an.

Duguet me charge de vous rendre la bonne poignée de main que vous lui avez fait donner par moi ; il renvoie des explications sur sa conduite envers vous, dit-il, au moment où vous vous embrasserez.

Voilà encore une bien longue lettre, mon cher Arlès ; avant de la clore, je crois devoir encore une fois vous répéter que je n'attache *aucune* importance à la forme sous laquelle je vous ai parlé de la possibilité du retour vers le monde. C'est au point que vous ne devez voir dans ce que je vous dis même sur Constantinople et Vienne, qu'un rêve qui tomberait très-facilement devant toute autre combinaison, fût-ce pour un voyage en Chine, fût-ce pour un retour immédiat en France, fût-ce pour une course en Amérique, en Angleterre, directement à Vienne, etc.

Toutefois je regarde les trois villes qui nous sont venues dans la pensée comme les plus probables, Constantinople, Vienne et Paris; mais laquelle des trois immédiatement? Je ne sais ; les considérations générales semblent désigner la première, des considérations privées la dernière ; pour aller *bien* à Constantinople, peut-être faut-il que je passe par Paris et Vienne, peut-être faut-il un léger contact *réel* avec la partie du monde qui m'emploierait, pour que je sois convenablement employé.

Dans tous les cas, pour prendre une détermination, il faut que j'aie de vous une réponse, pour sentir si vous comprenez comme moi mon avenir ; dans tous les cas j'ai foi que de votre contact actuel doit résulter pour moi une grande lumière.

Adieu, mon cher ami, je baise vos petits enfants et doublement votre Prosper, et je salue bien affectueusement votre chère femme. Répondez-moi promptement, car nous voici bientôt à juillet, et il vaut mieux voyager en septembre qu'en novembre et décembre.

Je vous embrasse.

P. E.

CCXVIᴱ LETTRE

A ARLES

Marseille, 10 janvier 1837.

Le 7 au soir, nous sommes entrés au port, cher Arlès, après vingt-cinq jours de traversée excessivement mauvaise — en bonne santé. J'ai reçu vos trois lettres, 6 et 15 décembre et 5 courant, avec deux cent cinquante francs qui sont venus on ne peut plus à point.

Je pars demain à 5 heures du matin (galine) pour Curson, Vous, Ribes, les Nugues et moi sommes d'accord sur ce point.

Je ne réponds pas aujourd'hui à vos lettres. Je crois seulement pouvoir vous dire que je m'inquiète fort peu, pour le moment, de tout ce qui n'est pas Curson, Arthur et sa mère, Aglaé et tous ceux qui, comme vous, m'aiment de cœur.

On nous a retenus deux jours en quarantaine d'observation et ce n'est qu'aujourd'hui que nous sommes sortis et que j'ai eu vos lettres.

Je vous écrirai de Curson où j'attends votre lettre sur la crise commerciale, quoique (je vous l'ai déjà écrit d'Égypte) je sois convaincu que je n'ai rien à ÉCRIRE, ni économie politique ni *confiteor*. Je dis à *écrire*, entendez-vous, mais j'entends surtout à écrire pour PUBLIER.

Je vous embrasse — et Drut et Decaen, je félicite l'un de ce qu'il se marie et l'autre de la circulaire de la Société. J'embrasse aussi votre femme, si elle le veut bien.

P. E.

CCXVII^E LETTRE

A ARLÈS

Curson, 16 janvier 1837.

Le veau gras est tué et mangé, mon cher Arlès ; l'enfant prodigue est au foyer de la famille depuis quatre jours ; il s'y chauffe tant qu'il peut, car il y fait plus froid qu'en Égypte. J'ai trouvé Saint-Cyr et ses sœurs toujours aussi aimants pour moi, heureux de me revoir, s'inquiétant peu ou point même, pour le moment, de ce qu'il faudra que je fasse ; pourtant je suis bien sûr que ceci va être bientôt la grande préoccupation de Saint-Cyr, à son retour à Paris, et voilà pourquoi j'aurais désiré que vous puissiez le voir à Lyon ; mais il ne s'y arrêtera pas. Ce sera donc si vous allez à Paris pour votre chambre de commerce que vous ferez bien d'aller le voir ; je l'en ai prévenu en lui disant qui vous étiez, comment vous m'aimiez, et il vous verra avec plaisir.

Duguet va partir très-probablement avec lui

pour Paris, d'où il ira voir sa mère, quand il aura cherché, pour lui-même, à trouver une route viable. Il aurait bien voulu vous voir en passant, mais si Saint-Cyr ne s'arrête pas, il ne le pourra pas. Je vous ai écrit de Marseille un peu en l'air et n'ai pas précisément répondu à vos lettres, quoique la formule très-générale dont je me suis servi puisse, je crois, s'appliquer facilement en réponse aux différents sujets que traitaient vos lettres.

Au reste, de même que vous me dites pour la politique française : *La question du salaire domine tout*, je dirai : *La question de la liste civile domine tout.* Je dis liste civile encore malgré la désapprobation de quelques-uns de nos amis, parce que je ne connais pas de nom meilleur; ce n'est certes pas moi qui l'ai inventé, et les personnes qui le désapprouvent n'auraient pas dû se borner à critiquer, elles devaient faire la correction et y substituer le mot convenable.

Cette question domine tout, et c'est facile à voir par les réponses de Rodrigues et de Michel; de Rodrigues puisqu'il ne veut pas que je cherche salaire près du monde; de Michel qui en détermine très-bien la nature quand il dit que N... la regarde comme un devoir MAIS SEU-

LEMENT *à titre d'affection personnelle*. Le *mais seulement* m'a paru joli, parce qu'il rend très-bien la pensée que j'avais lorsque je vous écrivais de Marseille que je m'inquiétais fort peu, pour le moment, de tout ce qui n'était pas Curson, Arthur, etc.

Oui, cher ami, c'est *seulement* à titre d'affection qu'une pareille dîme, contribution, liste civile, peut être offerte et acceptée; malgré cela, comme Michel dit plus haut, et immédiatement, qu'il n'y a plus de *père,* ni d'*enfants,* qu'il n'y a plus que des hommes; qu'un peu plus haut encore il me recommande l'humilité, et même de laver les pieds des *petits enfants*, je crois qu'il faut s'entendre.

Ceci me paraît tellement républicain pour un maître des requêtes, tellement chrétien pour un gaillard qui n'a pas pour vertu l'humilité, que j'affirme sans crainte qu'il y a erreur.

Je laverai les pieds aux petits enfants *que j'aime et qui m'aiment,* je ne demande pas mieux; et de ceux-là je recevrais liste civile, ou contribution, ou dîme, ou salaire, voilà qui va bien; mais ce sont mes *petits enfants* que je laverai ainsi, et non mon frère, quoi qu'il en pense; on ne lui lave pas les pieds à son frère,

il est assez grand pour se les laver, le frère ;
d'ailleurs il n'y a que les pieds d'un petit enfant
qui sentent bon, comme il n'y a que les pieds
d'un père qu'on parfume et qu'on lave, quelquefois avec des larmes.

Entendons-nous donc bien. Je n'ai l'intention de recommencer ni la rue Monsigny, ni
Ménilmontant, ni même l'*et cœtera* que Michel
joint à ces deux noms ; jai toujours assez désiré
du neuf pour que mon dire ici ne soit pas sus-
pect. Mais je dis comme vous encore pour le
salaire : *La question de la liste civile n'a pas
fait un pas, au moins en apparence.*

Et alors vous vous expliquez facilement, et
Rodrigues doit s'expliquer pourquoi, placé entre
deux mondes, le vieux et le nouveau, j'ai dû chercher si le vieux ne m'ouvrirait pas sa porte, puisque le nouveau était lent à mettre en état la
sienne, car il y manque au moins un loquet, ou
une clef, et de l'huile sur les gonds et dans la
serrure.

Et pourtant la bonne volonté ne manque certes
pas ; mais, depuis trois ans, aucune tentative
d'organisation n'a réussi, pour réaliser cette œuvre qui me paraît d'une haute importance personnelle, cela va sans dire, mais qui, en outre,

par sa forme, peut être un grand enseignement
moral pour tous. — Je suis loin de croire que ce
témoignage de grande affection, de respectueuse
reconnaissance, d'attente même et d'espoir,
puisse être donné au public comme une preuve de
mes vertus, qualités et talents ; je regarde même
ceci comme affaire de famille, toute mystérieuse,
étrangère à la politique ou du moins n'y inter-
venant qu'avec le temps ; toujours est-il que
jusqu'au moment où *ce lien matériel* entre moi
et le nouveau monde ne sera pas forgé, il me
faudra chercher si le vieux monde ne me tend
pas un câble auquel je puisse m'amarrer.

Or dans le vieux monde j'ai, comme dans le
nouveau, deux parts distinctes à faire, j'ai ceux
qui m'aiment et que j'aime, et puis tous les autres. Voilà pourquoi je suis à Curson, où je
laverais les pieds à tout le monde, sans difficulté,
parce qu'on m'a jeté de là une bouée de sauve-
tage, avec un élan de cœur qui l'a poussée jusqu'aux rives du Nil, et m'a fait traverser la mer
en toute assurance. Voilà pourquoi aussi j'ai
pressé jusqu'au bout toutes les raisons qui pou-
vaient découler de la nature de mes lettres d'É-
gypte, afin de voir si vous n'aviez pas en effet
quelques démarches à faire près des princes du

monde, pour les déterminer à m'en faciliter la rentrée.

Je me résume. Je répète d'abord, parce que ceci me paraît fondamental, que je m'inquiète fort peu de tout ce qui n'est pas Curson, Arthur et sa mère, Aglaé et tous ceux qui, comme vous, m'aiment *de cœur,* du moins pour le moment, parce que tout ce qui n'est pas cela n'a pas besoin de moi. Secundo, tout ce qui pourrait, vis-à-vis ceux que j'aime de cœur, leur faire croire que je ne suis plus pour eux ce que j'étais avant, par exemple le *parent* et l'*ami* de Saint-Cyr et de ses sœurs, l'*ami* d'Holstein, et de vous, et de Drut. Le *père* d'Isaac aussi bien que de Charles, le bon poëte, l'*ami* et l'*élève* de Rodrigues, tout ce qui ressemblerait à une *confession* d'avoir mal aimé ceux que j'aime, *je n'en veux pas;* j'ai peut-être mal aimé ceux qui m'aimaient mal, et je confesse très-volontiers que j'ai eu tort souvent dans les formes que j'ai données à mes témoignages d'affection envers ceux-ci ; mais je le répète encore une fois : pour le moment, je m'inquiète peu de ceux que j'aime mal ou qui m'aiment peu.

En d'autres termes qui sont fort bons, *c'est seulement à titre d'affection* PERSONNELLE que je me sens porté à un contact quelconque avec le NON-MOI ; mais mon amour n'est pas confus, je hiérarchise, et je ne viens pas, comme Jésus, donner au monde des leçons d'humilité ; aussi ne me suis-je jamais dit, comme lui, Fils de Dieu, dans l'acception où les chrétiens ont pris la parole du Christ, parce que je n'avais pas besoin d'une pareille compensation. Je n'adopte donc pas du tout la formule : *Il n'y a que des hommes,* du moins quant à ceux avec lesquels je me sens, pour le moment, le désir de communier ; je suis tout disposé à ne voir que des hommes parmi tout ce qui n'est pas *eux*, mais parmi eux, je le répète, je veux voir des parents des amis, des fils ; et je dirai comme Michel que je M'ABSTIENS *par rapport à tous ceux qui ne dessineraient pas ainsi leur position envers moi.*

Vous voyez comment j'entends la liste civile la contribution, la dîme, quel que soit son nom.

Vous comprenez aussi comment la solution de cette grave question est puissante pour m'inspirer la route que je dois suivre, et éviter les faux pas, si à craindre dans la position actuelle. Selon ce qu'elle sera, je jugerai les deux mondes devant qui je me trouve ; selon ce qu'elle sera, ces deux mondes me jugeront aussi.

Ceci est une phase de ma vie que je considère comme aussi symbolique que celle de Ménilmontant, avec cette différence que les *enfants* semblaient un peu passifs et absorbés alors et que c'est le *Père* qui l'est aujourd'hui : mais qu'ils y songent bien, je représentais assez bien à Ménilmontant et n'étais pas trop au-dessous de mon rôle — à leur tour !

Ma manière d'envisager ma position actuelle vous étonnera peut-être un peu, mon cher Arlès, et vous trouverez sans doute, Michel du moins le trouvera ainsi, que je *pose* encore, comme à la salle Taitbout. C'est vrai, mais telle est ma destinée, c'est fini, jusqu'au dernier jour, je poserai ; chacun son rôle, sa *nature* et sa *capacité*. Je poserai, mais pas avec tout le monde ; je suis sûr, par exemple, que les deux épiciers beaujolais que nous avions en diligence, nous ont pris, Duguet et moi, pour deux hommes très-ordinaires, qu'ils n'ont vu en nous *que des hommes*, et je sais gré à tous ceux qui, en dehors de notre petit monde d'affection, veulent bien me croire de leur espèce. Mais je n'en dis pas autant pour ceux qui attachent quelque importance religieuse à mes actes, pour ceux dont la foi, bien jeune encore, pourrait facilement s'ébranler, s'ils voyaient l'homme qui la leur a donnée agir en tout comme s'il se croyait lui-même un simple bourgeois; je n'en dis pas autant pour tous ceux qui m'ont nommé *Père*; ils pourront s'abstenir de me nommer ainsi, mais il ne leur appartient pas de me débaptiser ni surtout de me baptiser à leur guise; et je suis même étonné que le bon esprit de M.... l'ait fait tomber dans cette erreur de me nommer, comme le fait Mme Sand au titre : Enfantin; il *devait* dire : *M. Enfantin.*

Vous croyez, et M.... et Rodrigues, que je dois expliquer *au monde* ma position. Je suis convaincu du contraire, mais je vous l'explique à vous ; il est vrai que ce n'est pas ma position politique, c'est ma position *morale*, la seule qui m'intéresse pour le moment, en ce moment où je rentre sous le toit de famille, où je retrouve l'amitié des miens aussi vive que jamais, où Drut, vous, Holstein me réapparaissez aussi camarades qu'autrefois et grandis ensemble par la solidité de notre lien que ces dix années ont renforcé.

Adieu, cher ami, Duguet vous verra ; Saint-

Cyr se décide, *pour cela*, à coucher à Lyon.
Allez, je vous prie, le voir, Duguet ira vous
prendre et causera avec vous avant. Ils arrive-
ront très-probablement jeudi soir 19 couran.

Félicitez Decaen et Drut chacun pour la bonne
nouvelle que vous me donnez d'eux.

Je vous embrasse tous trois.

P. E.

CCXVIII^e LETTRE

A RIBES

Curson, 31 janvier 1837.

Mon cher Ribes, après quelques semaines d'un
excellent repos dans ma famille, je pars pour
Lyon, afin d'y voir Arlès et plusieurs autres bons
amis. J'aurai ensuite un petit voyage encore à
faire, puis je reviendrai, je pense, ici, attendre
que quelque bon vent me remette à flot sur la mer
du monde. Je vous préviens de cette petite excur-
sion, afin que si vous voulez me donner de vos

nouvelles, vous sachiez où me trouver. Adressez
à Arlès, qui me fera passer vos lettres ou celles
que vous pourriez recevoir pour moi ; car j'avais
donné mon adresse chez vous à quelques amis
éloignés.

Sans être parfaitement satisfait de ma santé,
cependant la mer m'a fait grand bien ; je crois,
au reste, que je pourrais retomber un peu si je
restais longtemps inactif, mais si le travail venait,
il me guérirait, j'en suis sûr.

Donnez-moi des nouvelles de votre frère.

Et aussi de Vialard, de Renouvier, qui m'a
un peu oublié, mais que j'aime toujours, moi.
Quand vous verrez le docteur Teules, avec qui
j'ai voyagé pendant sept jours à Malte, faites-lui
mes compliments et ceux de Duguet, lequel Duguet est parti pour Paris, depuis dix jours, vous
aimant bien.

Vous avez encore près de vous quelques hommes qui ont attaché leur nom à notre œuvre,
dans des moments difficiles, Parlies, par exemple ; si un mot d'amitié de moi leur est toujours
bon, comme je l'espère, dites-leur que je n'oublie
pas le passé.

Tout à vous.

P. E.

P. S. Faites passer, je vous prie, cette lettre à Brothier, dont je ne connais pas l'adresse.

CCXIXᵉ LETTRE

A BROTHIER

Curson, 31 janvier 1837.

Mon cher Brothier, vous avez dû voir, par le post-scriptum que j'ai fait ajouter à la lettre que Duguet vous a écrite d'ici, que votre lettre du 17 courant m'avait dû faire plaisir.

J'ai pourtant à vous reprocher, puisque vous m'écriviez, d'avoir été si bref, et de ne m'avoir pas donné de nouvelles de Rességuier et d'Anna, des Borel, de Lemonnier et d'Elisa, et aussi de Capella, avec qui vous êtes, je crois, en fréquente correspondance. Une autre fois vous me direz aussi quelque chose de vous et de ce que Duguet appelle votre amour de petite fille.

Je pars pour Lyon où je resterai quelques jours avec Arlès; je ferai ensuite un autre petit voyage dont je ne prévois pas encore la durée; puis je viendrai encore relâcher au bon port où ma famille m'a si tendrement accueilli.

Dites, je vous prie, à Rességuier, que je lui dois une lettre, en réponse à l'une des plus douces que j'aie reçues depuis cinq ans; il l'aura en temps et lieu.

Si vous m'écrivez, adressez votre lettre à Arlès, qui me la fera parvenir.

Ecrivez au bon, à l'excellent Lambert; il a besoin des témoignages d'affection de ceux qu'il aime, et vous êtes du nombre, en bon rang.

Est-ce que Marquier ne m'aime plus du tout? Si vous le voyez, dites-lui que je l'aime toujours.

Adieu, cher fils, à vous.

P. E.

CCXX^e LETTRE

A ARLÈS

Pougues, 23 février 1837.

Je suis arrivé directement ici mardi soir, à

11 heures, mon cher Arlès, j'avais trouvé à Nevers une lettre qui décommandait le premier projet d'arrêt à Nevers.

Je ne vous dis rien encore de mon séjour ici, j'ai été absorbé tout hier par ma longue épitre à Rodrigues; seulement, vous saurez que je suis dans une maison séparée, hôtel où logent, dans la saison, les baigneurs, car il y a des bains minéraux à Pougues. Arthur a une belle tête et un corps vigoureux. C'est un vrai paysan, jouant toute la journée avec les gamins, et n'ayant que trois heures par jour de leçons d'un maître instruit, avec qui il fait un peu de latin, de géographie et d'histoire. Quoique vigoureux, il est cependant délicat, comme j'étais moi-même étant jeune. Je lui crois une constitution nerveuse très-développée, et il a encore évidemment besoin, pour quelque temps du moins, de l'aile maternelle si tendre pour lui.

Nous n'avons, pour ainsi dire, causé entre nous qu'à bâtons rompus.

J'ai reçu ici des lettres de Curson et de Duguet et d'Aglaé; je pense donc que vous n'en aurez pas à m'envoyer, mais que vous me donnerez pourtant des nouvelles de Mimi et de votre femme,

ainsi que du clampin et de l'adorable brise-mé-
nage.

Dites-moi surtout comment vous allez, cher
ami, et laissez-moi vous dire quelques mots sur
vous, car j'y ai bien songé depuis que je vous ai
quitté, et j'ai bien ruminé les impressions que
mon séjour chez vous m'a causées.

Plus que jamais, j'ai foi que le moment approche où vous aurez à déployer une vigueur
en tous genres de premier ordre. En vous voyant
mettre vos pantalons, j'ai vu vos mollets, et ils
m'ont donné grand espoir, parce que je les ai
trouvés au niveau de votre intelligence et de
votre excellent cœur; je les ai revus tels qu'à
Francfort les portait notre tambour-major; mais
malgré cela évidemment, le *corps* a besoin, chez
vous, d'une *régénérescence* analogue à celle
que j'ai éprouvée en 1829 et 1830. Vous êtes,
comme j'étais alors, sous l'empire d'une *surex-
citation* nerveuse, expression d'une légère et
passagère DÉSHARMONIE entre l'*esprit* et la *chair*;
vous n'avez pas exagéré autant que moi, d'une
part, le travail intellectuel, de l'autre, le régime
débilitant, *charnel*, mais vous les avez exagérés
tous deux, l'un par rapport à l'autre. Je ne vous
parlerai donc pas de saucisson, de poivre en

grains, de gibier faisandé, de truffes, etc., mais je reviens à la laine sur la peau, et plus généralement je vous demande de faire, pour votre vie matérielle, en regard de l'homéopathie, ce que votre nature vous a porté à faire si judicieusement en regard du saint-simonisme, c'est-à-dire vous tenir hors de la pratique, toujours *anormale,* qu'une grande foi impose à ceux qui doivent en faire l'apostolat *hors du monde.* En homéopathie, ne pratiquez donc rien de ce qui a correspondu pour nous à notre célibat, à notre costume, à nos chants, à notre prolétariat, à nos biens en commun, tous faits *symboliques,* nécessaires à produire par des apôtres, culte minutieux, anticipé, exagéré, forcé, tuant, que certains hommes ont dû momentanément accomplir pour l'enseignement futur, vie exceptionnelle que vous avez parfaitement senti n'être pas à votre usage, superstition exaltée qu'il a fallu avoir hors du monde, pour frapper le monde, et qui a eu ses victimes.

Songez qu'il y a, en homéopathie, un vide et une imperfection correspondants au vide et à l'imperfection de notre doctrine *mâle,* que par conséquent, sa pratique complète, en ce temps surtout (quand même elle pourrait être seule plus tard, alors qu'on aurait changé la *nutrition* générale, l'hygiène publique et privée), est pour le moins un anachronisme, comme le serait la pratique actuelle de la destruction de l'héritage, des relations morales, des faits politiques que nous avons annoncés bons pour l'avenir.

Ainsi, pour rendre ma pensée plus claire par un exemple, songez que si vous étiez ministre du commerce, vous ne traiteriez pas le corps industriel de la Société avec le régime d'association que nous avons prêché, mais bien encore avec beaucoup d'allopathie politique, et vous utiliseriez même souvent les remèdes et l'hygiène de la vieille politique. Ce serait seulement à l'époque où le milieu dans lequel se meut ce corps social serait lui-même disposé homéopathiquement, que vous lui appliqueriez le régime. De même, le milieu dans lequel nous nous trouvons est trop peu homéopathique pour ne pas exiger une réaction (*par les semblables*) contre l'influence anarchique désassociante et concurrentielle de tout ce qui nous entoure [1]. C'est

---

1. Croyez-vous, par exemple, que nos maisons, nos habits, nos repas, nos rues, nos usages, etc., soient bien homéopathiques?

l'anarchie qui nous rend tous malades, notre remède doit donc être anarchique lui-même, et non ordonné, réglé, combiné, dosé ; je vais plus loin et je dis que notre maladie manifeste, par ses symptômes, des excroissances *charnelles, industrielles, pratiques,* terribles, que par conséquent le remède doit être celui qui, dans un état normal, causerait des accidents *pléthoriques.* En d'autres termes, vous êtes trop sage, trop attentif, trop minutieux, trop modéré, trop ordonné, dans la partie de votre vie qui est plus purement matérielle, industrielle, pratique. Prenez-moi d'abord une bonne précaution générale contre les accidents, la flanelle, ce qui répond, en industrie, à un *second* dans vos affaires, une *doublure,* puis laissez-vous aller un peu où vos sympathies *pratiques* vous pousseront. Je veux dire : assurez-vous une sueur et un pain pour chaque instant, puis allez hardiment à l'aventure, bravant quelques indigestions que vous n'aurez pas, quelques chances d'affaires qui tourneront en votre faveur.

C'est vous dire que j'ai réfléchi à ce projet un peu en l'air de l'établissement à Paris, ou à tout autre de nature semblable. Le fait est qu'il m'a paru qu'à Lyon vous aviez non-seulement entre-

tenu, mais mis sur un nouveau pied Dufour, F.
et Cie, qu'aujourd'hui c'était à d'autres à continuer et peut-être modifier encore votre œuvre
qui vous fatiguerait actuellement, sans satisfaire
votre besoin de choses neuves et grandes. Votre
rôle homéopathique est fini, votre rôle intermédiaire de saint-simonisme est à peu près clos,
votre rôle de commissionnaire, à Lyon, a été
largement rempli, mais évidemment vous avez
votre rôle politique à vous préparer ; bien entendu que par ces mots je n'entends pas *absolument* la voie gouvernementale sous la forme
actuelle, c'est-à-dire un rôle de député ou de
préfet ; mais qui sait d'ailleurs quelle sera la
forme de *l'autorité* dans peu de temps ? Je veux
dire seulement qu'il faut que vous soyez *disponible* (vous ne l'êtes pas), soit en vous faisant
une base *d'argent* dans la capitale, soit par tout
autre moyen direct de politique, où vous trouverez des marchepieds bien préparés, bien disposés. Car vous avez fait du saint-simonisme et
de l'homéopathie *par en bas*, et vous êtes appelé
à en faire *par en haut*. Je vous l'ai déjà dit,
peut-être, comme le dit M. de Lahante, n'entre-
rons-nous pas dans la terre promise, mais nous
devons en ouvrir les portes, non pas théorique-

ment seulement, mais bien pratiquement, tenant la clef dans la serrure, ou, comme dit Michel, la queue de la poële.

Alors vos jarrets et vos mollets reprendront toute leur vigueur et souplesse juvénile ; pour cela faut-il que vous réhabilitiez en vous le café, la liqueur, le tabac, le girofle et le poivre ? Dieu me garde de faire une ordonnance si détaillée, quoique je tienne fortement à la flanelle, et surtout aux caleçons pour vos mollets, mais soyez certain que lorsque les homéopathes auront un peu mieux étudié la *constitution* des Anglais, dans ses rapports avec leur développement *matériel, industriel, pratique,* lorsqu'ils auront vu les peuples sur lesquels la vie du Dieu *pur esprit* n'a pas pu mordre, lorsqu'ils auront vécu avec ceux qui vivent d'opium, de parfums, d'épices, même de viande crue, ils modifieront leur pensée actuelle sur les exigences de l'estomac humain, et surtout sur ces exigences en France, maintenant que le Dieu de *la chair* veut s'y élever des autels.

Je vous le répète, vous êtes comme moi en 1829, un barreau aimanté, réservoir d'électricité trop chargé ; mais le coffre est bon malgré les écorchures qu'il a reçues ; votre œil est toujours bon et beau, et je le dis encore, votre mollet m'a fait plaisir.

Mais si, dans la voie que j'indique, il se rencontrait devant vous une chose qui pût blesser votre femme dans son amour pour *vous*, dans son amour *propre*, dans sa tendresse pour ses *enfants*, j'affirme à l'avance que cette chose serait mauvaise et à rejeter, parce que l'un des éléments de votre force actuelle, le plus puissant sur vous, le plus propre à asseoir votre influence sur d'autres, c'est votre belle position d'excellent mari, de mari-modèle et de père de famille type.

Flanelle, et remplaçant au comptoir, solide et non brillant, comme la flanelle qui ne se porte qu'en *dessous*, je me borne à ces deux points ; le reste viendra tout seul quand ces deux-là seront pratiqués.

Je viens de recevoir la lettre de Duguet que vous me renvoyez. Elle contient un mot de Petit qui demande aussi *des explications*, mais lui, du moins, avec tendresse et foi.

Adressez-moi dorénavant vos lettres à M. Barthélemy, à Pougues, pour éviter des ports francs qu'on donne à la directrice, qui ne veut pas en abuser.

Je n'ai plus du tout de ressentiment de grippe, mais j'ai eu un assez joli bénéfice de nature, qui m'a purgé *naturellement* et m'a fait du bien.

Comme je l'avais pensé, Fournel n'est pas au nombre des sept engagés envers Mme Petit, que celle-ci poursuit ; il n'y a que Duveyrier, Simon, Michel, Ribes, Rigaud, Rousseau ; d'Eichtal s'est libéré par voie de payement.

Les prolétaires font une liste pour la liste civile qui s'élevait à sept cents fr. le 18, et que Duguet me dit devoir aller à mille. Vous verrez cela à Paris. Je dis à Duguet que vous n'avez encore écrit à personne pour cet objet (parce qu'il craignait une double démarche envers Ribes, Humann et d'autres) ; que d'ailleurs ce que vous ferez pour cela sera tout à fait à votre manière, profitant comme vous voudrez des préparations faites par Duguet et d'autres, et qu'enfin, comme je le lui ai déjà dit maintes fois, sa mission à lui ne pouvait être que préparatoire et non d'organisation en pareille matière.

Adieu, cher ami, embrassez pour moi toute la bonne famille. Amitiés à Drut. Mes compliments à M. Rivet.

P. E.

CCXXI^e LETTRE[1]

A ARLÈS

Pougues, 2 mars 1837.

J'attendais toujours réponse de Paris à ma seconde lettre avant de vous écrire, mon cher Arlès, et je voulais aussi savoir quelque chose sur votre voyage; mais rien ne vient, du Nord ni du Midi.

J'ai reçu votre billet du 24, avec la lettre de M...., où la réaction est, selon vous, arrêtée, mais qui est encore d'une jolie force. Je veux bien croire que nous nous étions trompés ; mais M.... se défend drôlement, il faut en convenir, et ce mot de *clandestin* qu'il souligne comme il soulignait *Dieu* autrefois (quatre barres) est encore assez joli. Mais que dites-vous de cette phrase : « S'il

---

1. Cette lettre a une importance toute particulière en ce qu'elle met vivement en lumière la dignité et le désintéressement apostoliques d'Enfantin fâcheusement méconnus par quelques hommes abusés.

nous avait parlé d'une transmission de cette rente à son père, nous y aurions certes donné *les mains*; qu'était ce sacrifice auprès de ceux que nous avions faits pour lui?» — A mon tour, je devrais souligner *sacrifice* quatre fois, car il est parfait. Comment! c'était un sacrifice que *vous* faisiez, parce que *je* faisais une *petite part*[1] à la vieille famille et ne donnais pas tout à la nouvelle? A ce titre j'aurais dû vous demander aussi la permission de donner un peu de mon temps et de mon affection à mes parents. Croirait-on jamais que ces diables d'hommes-là m'ont traité autrefois en autocrate, en loi vivante, et que M.... a renchéri sur tous dans cette voie? — Si ce fait eût été révélé à l'audience, le jour du procès en *escroquerie*, dit M:..., Enfantin eût été condamné. Et pourquoi donc, s'il vous plaît? Était-ce de l'argent de mes dupes ou du mien dont je disposais ainsi?

---

1. Enfantin avait apporté à la société saint-simonienne, du vivant de sa mère, 23,000 francs, la seule chose dont il pût alors disposer. Après la mort de sa mère, il ajouta à ce premier apport : 1° la valeur de Ménilmontant; 2° celle d'un terrain rue des Terres-Fortes; 3° un solde de rentes vendues. Il n'avait réservé qu'une rente de 1,300 francs pour son père, et donné tout le reste, estimé 80,000 francs, à la caisse sociale.

Ce n'était pas même le mien, mais celui de mon père. M.... dit donc que j'aurais été condamné (si ce fait avait été connu) comme escroc; voyez la jolie manière de rétracter son mot, surtout quand on ajoute : et le public eût applaudi. Oui, le public eût applaudi en apprenant que mon exaltation ne m'avait pas fait oublier ma famille, et ce public-là c'était vous-mêmes, car la salle était pleine de Saint-Simoniens vous auriez applaudi, comme vous applaudissiez à tout ce que je faisais ou disais, et les juges n'auraient su y trouver un motif de condamnation contre le Père qui se montrait bon Fils.

M.... rappelle encore le fameux *meâ culpâ*, mais il en parle cette fois de manière à ce que je puisse attendre de vous, mon cher ami, une explication sur son idée, car il dit : Nous avons souvent dit *ensemble* qu'il avait, comme première démarche, un gros *meâ culpâ* à faire. Si c'est *ensemble* que vous l'avez dit, expliquez-moi donc votre pensée *commune*, car vraiment je ne la comprends pas, et je vous assure que ce n'est pas mauvaise volonté, ni même ignorance complète des fautes que j'ai commises; mais outre que je ne crois pas bon d'être humble quand on m'insulte, de faire un *meâ culpâ* quand on m'accuse injustement et grossièrement, je ne sais vraiment ni sur quel ordre de faits, ni à propos de quoi M.... et vous pouvez croire bon et utile un *meâ culpâ* de ma part. Est-ce acte d'adresse et pour rassurer le monde, de m'être laissé enivrer par l'encens d'hommes capables, comme M...., par exemple, dont l'encensoir était toujours plein ? Mais outre que je n'ai pas conscience d'avoir été grisé par cette fumée, comment serait-ce M.... qui me conseillerait cette confession ? — Tirez - moi d'embarras.

Je suis, à ce que dit M...., *après* Saint-Simon (il a hésité pour savoir s'il mettrait *avant* ou *avec,* et il a mis *après*), le plus haut représentant de son *passé,* et il respectera ce *passé.* Mais vraiment, c'est bien métaphysique, je ne suis pas passé, je suis très-présent, très-vivant, et non trépassé comme Saint-Simon, et s'il respecte mon passé, je voudrais bien savoir pourquoi il ne respecte pas mon *présent;* c'est qu'il est sans doute du nombre *des hommes qui se croient obligés à se condúire par rapport à moi* COMME SI JE N'EXISTAIS PAS. Il est difficile de me mettre plus nettement, sous trois formes différentes, au rang des morts, et je suis désolé de ne pas avoir envie de lui donner cette satisfaction. Il serait, en effet, alors plus facile de respecter mon *passé*.

Vous lui direz que je n'ai reçu, ni à Marseille ni ailleurs, le double témoignage de confiance et de reconnaissance qu'il m'a fait signifier sur papier timbré, sans doute pour honorer mon passé.

Vous voyez, mon cher Arlès, combien j'avais raison, en vous parlant de la liste civile, de vous dire ma répugnance à ce qu'il en fût question avec ceux qui ne m'aiment pas de *cœur*, et j'entends par ces mots m'aimer de cœur, m'aimer pour mon *passé*, pour mon *présent* et aussi pour mon avenir; c'est aussi ce que j'écrivais hier à Isaac, qui m'a écrit qu'il ne s'était jamais associé aux injures dont j'avais été l'objet, et qu'il participerait à une mesure qui lui paraissait un *devoir* et une *dette*. Je lui disais que ces deux mots n'impliquaient guère que du *passé*, et que je n'étais pas du tout disposé à recevoir une *retaite*.

Assez sur les affaires privées. — Quelques mots sur les affaires publiques.

Je conçois fort bien maintenant que Fonfrède

ait désiré vous voir, au moment où il allait se lancer, tête baissée, dans la voie où il s'engage. Pour lui personnellement, je suis fâché qu'il n'ait pas pu vous voir, parce que le voilà attaché à une bombe qui crèvera peut-être plus tôt qu'il ne le prévoit, et qui pourrait bien le mettre en pièces. Pour les affaires en général, je suis bien aise que son courage l'ait porté à attacher ce grelot au cou de certains matous qui ont besoin de se montrer chats et non souris, et de se donner enfin pour ce qu'ils sont. La petite correspondance que ce chaud Bordelais a entamée avec la *Gazette de France* est une bonne guerre pour l'enseignement public, et le *Journal des Débats* profitera, comme un gros malin qu'il est, de ce qu'il y aura à prendre de bon dans cette polémique entre les deux organes qui défendent le plus chaudement le principe *d'autorité*; car il est bien facile de voir où péchent les deux adversaires et les impossibilités qu'ils rencontrent. C'est que pour qu'une autorité puisse *aujourd'hui* s'établir, il faut avant tout qu'elle soit *compétente* et non *de droit divin*, ou de *droit populaire*. Le problème politique est donc aujourd'hui comme toujours celui-ci : Qu'est-ce que veut la société *actuelle*, qu'est-elle ? Or, qu'on s'en félicite ou qu'on s'en lamente, la société est ACTUELLEMENT *industrielle*, comme elle était *militaire* sous l'empire et *révolutionnaire* sous Mirabeau, et *dissolue* sous le Régent, et *impérieuse* sous Louis XIV, et *pieuse* sous saint-Louis, etc., etc. L'autorité ne sera donc vraiment assise que lorsqu'elle manifestera sa compétence *industrielle*, et non sa compétence *juste-milieu*, car ce mot-ci est aussi vague que l'autre est précis, et le pouvoir ne doit jamais être vague ni représenter une opinion vague. Ces mots république, monarchie, juste-milieu, sont de malheureuses expressions de la politique théorique ancienne, qui voilent tout et trompent les plus fins, et n'engendrent que de vraies logomachies. Que veut une république ? souvent ce que veut une monarchie ou un gouvernement pondéré, du moins quant aux hommes qui la gouvernent; tantôt il faut que les chefs, légitimes, quasi-légitimes ou populaires, soient *militaires*, tantôt ils doivent être *pacifiques*, tantôt *pieux*, tantôt *athées*. Aujourd'hui il faut à la société française une direction *industrielle*, et il le faudrait encore avec Henri V, et même avec la République. Il faut, comme je vous l'écrivais du Caire, enlever aux partis la clientèle qu'ils exploitent, l'*ouvrier*, et pour cela montrer qu'on est le roi des *ouvriers*, comme Napoléon était le roi des *soldats*.

Vous savez tout ce que nous avons déjà dit et écrit ensemble sur ce thème, et je crois que votre entrevue désirée par Fonfrède lui aurait évité de se laisser pousser, comme il l'est déjà, comme il le sera encore davantage à mesure qu'il avancera, par cette apostrophe si terrible pour les avocats en toute cause : *au fait !* sur le terrain où il s'est placé, qui est celui de la *politique*, comme on dit, mais qui n'est pas celui de la *société*, il n'a rien de bon à répondre à cette provocation : *au fait !* car il n'y a pour ainsi dire rien à faire *législativement*, mais beaucoup *administrativement*, dans toute l'acception *pratique* de ce mot.

Le journal *la Presse* est à côté de la vraie question, mais souvent on est réellement plus éloigné quand on est à côté que lorsqu'on semble loin ; et par exemple *la Presse* a les pieds dans deux chemins, ce qui l'oblige à se fendre d'une manière démesurée, tandis que Fonfrède marche et a l'habitude de marcher dans un seul chemin, ce qui fait que dans une seule enjambée il pourrait se trouver dans le bon et y marcher sans écart.

Une foule de journaux bien intentionnés expliquent les attentats contre la vie du roi par l'absence des *principes religieux*, et par le discrédit où les *doctrines révolutionnaires* ont fait tomber l'autorité; mais on n'improvise pas plus un *Dieu* qu'une *autorité*, et cette difficulté d'instituer une foi et un pouvoir, au milieu d'une société sans foi et anarchique, explique la puérilité et même l'impudence de cette simple observation faite par les plus forts politiques sur l'absence actuelle du sentiment religieux et de celui de l'ordre. Fonfrède au moins prétend qu'il y a des moyens d'instituer le *Pouvoir* (je lui crois peu de disposition à s'occuper de l'autre veuvage social, *Dieu*), mais je le répète, pour établir et consolider un *pouvoir*, il faut, avant tout, savoir dans quel *esprit* il doit gouverner, et Fonfrède ne me paraît pas, sous ce rapport, plus avancé que les autres; seulement il est forcé, sous peine de se laisser acculer par les *Débats* d'une part et la *Gazette* de l'autre, d'arriver plus vite que les autres à quelque moyen *neuf* de gouvernement, c'est déjà beaucoup. Eh bien, je crois que vous serez encore à temps à Paris pour lui éviter le désagrément de donner du *vieux* pour du *neuf*.

(6 Mars.) Les quatre pages incluses sont écrites depuis plusieurs jours et rien encore de Paris, mon cher A. Je vous les envoie, quoiqu'elles soient écrites sous le poids de maux de dents, ce qui les rend peu claires et lourdes. Vous m'avez cru sans doute sur mon retour, puisque vous avez gardé une lettre de Thérèse pour moi. Adieu, cher ami, donnez-moi des nouvelles de vous et de toute votre famille.

P. E.

CCXXII^e LETTRE

AU GÉNÉRAL SAINT-CYR NUGUES, A PARIS

Pougues, 10 mars 1837.

Je crains, mon cher Saint-Cyr, qu'Eugénie et Thérèse n'aient pas suffisamment justifié mon silence envers toi, depuis que nous nous sommes quittés, parce qu'en effet il paraît inexplicable.

En ce moment où mon voyage est à peu près terminé, où je suis près de reprendre mon vol vers *notre* colombier, quoique je ne pense pas qu'il me soit encore possible de te raconter ce qui s'est passé pour moi, depuis que tu as quitté Curson, comme je le ferais si j'étais près de toi, j'ai cru devoir rompre ce long silence, pour te demander l'explication d'une phrase de tes lettres à tes sœurs. Tu disais le 20 février : « Rien « ne me paraît mûr pour d'autres projets ; ce-« pendant les idées qu'il apportait d'Egypte se « seront peut-être déjà modifiées à Lyon ou « ailleurs, et sans doute *se modifieraient encore* « *davantage, s'il venait à Paris* ». Ton idée serait-elle que je ferais bien de voir Paris ? — Avant de retourner en arrière, je serais très-désireux de savoir ta pensée. Tu ajoutais dans ta lettre : « Lui seul est bon juge de sa situation. » J'ai parfaite conviction du contraire, en ce moment où ma vie n'est pas *excentrique* comme les années dernières. Alors, en effet, je crois que je pouvais seul juger ce que je devais faire, précisément parce que je me mettais *en dehors du monde*. Aujourd'hui que je désire savoir comment ce monde voudra me recevoir, je compte infiniment plus sur les idées de toi, d'Arlès, de tes sœurs, que sur les miennes à cet égard.

Je n'attends plus ici, mon cher Saint-Cyr, que ta réponse à ce billet pour savoir si je dois pousser en avant ou rebrousser chemin. Fais-moi le plaisir de m'écrire à M. Barthélemy, à Pougues (Nièvre). Adieu, à revoir, à Paris ou à Curson. Tout à toi.

Amitiés à Camille et à Emile

P. E.

CCXXIII^e LETTRE

A ARLÈS

Curson, 4 mai 1837.

Mon cher Arlès, vous êtes trop bien d'accord avec le sentiment que j'éprouve à l'égard de la liste civile pour que je ne croie pas à sa justesse. Toutefois je vous dirai que, même avec vous, aussi bien qu'avec Duguet, je ne me sens pas *actuellement* en position de donner une forme nette à ma pensée sur ce grave sujet. D'autres événements doivent-ils venir m'éclairer? L'affaire est-elle même assez avancée, pour que je doive et puisse avoir à exprimer une opinion? Les enfants ont-ils *agi*, pour que le Père puisse parler? et le Père doit-il parler avant un acte d'eux? doit-il les autoriser *à l'avance* ou les arrêter *à l'avance*? ou bien au contraire ne doit-il pas accepter ou refuser, même *après* l'offre *réalisée*?

Ce qui me vexe surtout dans ceci, c'est que j'y vois une cause d'occupations et de petits détails pour vous? dont vous n'avez certes pas besoin en ce moment. Holstein ne peut-il pas vous les épargner en presque totalité?

Cette décision prochaine à prendre rend plus évidente la nécessité de savoir à quoi s'en tenir sur la démarche de Paris. Je ne crois pas du tout à une réponse, mais je désire savoir positivement si on a lu, afin, dans le cas contraire, de prendre peut-être une autre route, quoique je regarde toujours celle-là comme la meilleure.

Vous ne songez probablement pas au voyage de Paris de longtemps.

Merci pour la marquise et ses journaux.

Les nouvelles sur Michel (des *Débats*) ne me

semblent pas encore complétement rassurantes ; cependant j'ai la ferme persuasion qu'il s'en tirera bien ; il a trop à faire encore dans ce monde pour qu'il en soit autrement. Je crois même que ce terrible accident, en portant sur lui un nouvel intérêt, d'une nature autre que celui que son talent inspire, lui sera très-utile, et enfin j'espère qu'il puisera aussi pour lui-même, dans cette grave entrée vers la tombe, un enseignement d'*amour* pour ce qui vit.

Le frère d'Hoart ne dit pas si sa mère a besoin, tout en vous remerciant. Il serait bien de le savoir.

Mais la pauvre mère de Fourcade, elle, a bien besoin.

Il y a aussi en Égypte des dettes laissées par trois morts : Lamy, Maréchal et Alric, que je désirerais bien éteindre, par les mains de Lambert, de Bruneau et de Machereau. Cela leur ferait du bien à eux-mêmes dans le pays ; une dette montant, je crois, à 2 ou 3,000 francs.

Enfin il y a deux femmes qui sont venues en Égypte, et qui toutes deux doivent être assez gênées pour leur vie : c'est S.... V.... et A.... C.....   .

Voilà tout ce qui concerne l'Égypte, mais il y

a à Paris bien des souffrances qu'Holstein doit
ou peut connaître, et qu'il pourrait calmer si
nous adoptons votre idée sur la liste civile.

Adieu, cher ami, tout à vous.

P. E.

CCXXIV^e LETTRE

A ARLÈS

Curson, 14 mai 1837.

Pas de tristesse, cher ami, votre voyage est
bon. C'est ce que vaguement je pressentais et
désirais lorsque je vous écrivais de Pougues;
c'est surtout parce que votre solitude de chef
me le faisait croire impossible, que je vous
demandais de songer activement à un remplaçant au Comptoir. Il vous fallait *voir* l'Amérique pour pouvoir *faire* en France ce que vous
aurez certainement à y faire un jour; vos cor-
respondances d'affaires et le voyage de Michel
ne suffisaient pas; Michel est ingénieur et sa-

vant, mais il n'est pas négociant, commerçant ; il a *vu* les machines et les idées, vous verrez les comptoirs et leurs hommes. Il en a rapporté un livre, je crois que vous en rapporterez des affaires et un homme. Entendez-vous, Diogène, cherchez *un homme*, c'est la meilleure manière d'étudier *les hommes*, et de se faire aimer d'eux.

Et vos enfants seront déjà vieux, quand Dieu vous appellera à une nouvelle vie, car vous avez encore beaucoup de bonnes choses à faire.

Vous, n'étant pas à Lyon, je n'irai très-probablement pas, à moins que je ne puisse vous y être utile, ce que je ne prévois pas.

Écrivez-moi le plus souvent que vous pourrez, quelques mots seulement qui me mettent au courant de vos affaires, et en contact avec votre cœur.

Votre passage à Paris va sans doute me mettre en correspondance avec Holstein ; c'est bien en effet pour vous et à cause de vous que devraient recommencer de fréquents rapports entre nous.

Adieu, cher ami ; encore une fois, pas de tristesse ; nous sommes tous en bonne et grande route, et il y a rudement à travailler devant nous.

Ce voyage vous retrempera complétement.
Je vous embrasse bien tendrement.

P. E.

~~~~~~~~

CCXXV^e LETTRE

—

A DUGUET

Curson, 14 mai 1837.

Où as-tu vu dans ma lettre, cher ami, que tu n'avais eu *que* de la susceptibilité vis-à-vis de ta mère, et que ce qui m'avait *le plus* frappé dans la lettre de ton beau-père, était la phrase sur laquelle je t'engageais à méditer, à propos de ta conduite à l'égard d'Arlès? et comment peux-tu me dire que je ne sens pas combien t'ont fait triste, je ne dis pas les services que tu m'as rendus, mais les conséquences de ces services? et encore tes lignes ponctuées m'annoncent que tu as eu le *bon cœur* de supprimer plusieurs passages que t'avait dicté un mouvement de douleur causé par mon conseil, et je
~~~~~~~~

puis le dire aussi par ma leçon. Quand bien même, cher ami, vis-à-vis de beaucoup d'hommes, tu devrais employer le procédé que tu as employé envers Arlès; quand bien même tu devrais l'employer envers Arlès, ce que je ne pense pas, je ne crois pas moins devoir t'avertir que tu l'emploies trop fréquemment, et ta lettre du 8 en sera pour toi une nouvelle preuve. Oui, je t'ai frappé, alors que d'autres qui me frappent aujourd'hui reçoivent de moi bien des caresses. Mais tu ne voudrais pas que j'en vinsse à ne te donner *que* des caresses, et si ma lettre du 4 t'a blessé, il me semble que celle du 17 avril t'avait apporté à l'avance quelque peu de baume pour ta plaie.

Je ne t'en envoie pas ajourd'hui, parce que tu m'as fait triste aussi, et je continue, s'il te plaît, ma leçon.

Faire le bien pour le bien, rendre le mal pour le mal, cela annonce qu'on réagit comme on a senti, mais cela ne prouve pas absolument qu'on agit par *soi-même*. Quelquefois donc, il y a à donner le bien pour le mal qu'on nous fait, et quelquefois aussi à donner même du mal pour le bien qu'on reçoit, et dans ce cas on témoigne plus particulièrement qu'on n'est pas seulement propre à RECEVOIR des impressions, mais qu'on est capable d'en DONNER. La première justice est bien un peu fraternelle, celle de l'*égalité;* l'autre est plutôt paternelle, c'est celle de la *supériorité.* C'est celle-là que je te conseille de mêler quelquefois à l'autre, parce qu'elle va bien à ta nature, et qu'elle ne te fera rien perdre de ta *dignité*, sois-en sûr.

Je t'ai fait homme, m'as-tu dit. Pas encore si tu ne pratiques pas ce que je viens de te dire. — Souviens-toi que si tu es mon fils, tu es père ; or, un père ne se borne pas à la justice de *dent pour dent*, *œil pour œil*, sans cela il tuerait ses enfants ; c'est bon entre frères, et quiconque faillit envers son frère, autorise le frère offensé, s'il se sent *homme*, à ne plus se conduire comme lorsque les deux frères étaient enfants ; et j'ai même eu tort d'appeler la justice juive de dent pour dent, la justice des frères. J'aurais dû dire celle des frères-enfants.

Et je te dis cela, parce que, je le répète, cela va à ta nature noble, fière, digne ; et c'est aussi parce que tu as cette nature que j'ai tant frappé, parce que sous chacun de ces coups jaillissent une étincelle que Dieu avait faite pour moi, entends-tu ? et en même temps sous mes caresses et avec elles, sont sorties de moi une bonne part de mes faiblesses, dont tu as bien raison de ne pas regretter l'héritage, mais que d'autres ont emportées et dont ils avaient eux-mêmes besoin.

Je t'ai donné souvent le mal pour le bien que je recevais de toi, n'est-ce pas ? Ajoute cela aux motifs que tu me donnes de ta constante fidélité au Père. J'ai donné à beaucoup d'autres le bien et ils m'ont rendu le mal; et comme tu l'as remarqué toi-même, ceux qui me restent fidèles sont en général ceux qui ne m'ont pas touché *de près;* eh bien, je ne me sens pas moins qu'autrefois le Père de Reynaud, de Transon, que j'ai tant caressés, et quand ils reviendront à moi, dans cette vie ou dans une autre, je les caresserai encore comme je te frappe, et te frapperai toujours, parce que tu es et seras pour ta vie éternelle le *fidèle.*

Mais tu souffres cruellement, me dis-tu, et tu es triste plus que je ne pense. Mais n'es-tu donc pas fait pour brûler à petit feu *à côté de moi sur les mêmes charbons ?* Montézuma n'est pas sur des roses. — Que notre souffrance *commune* soit ton baume, car tes larmes sont aussi pour moi quelque chose, entends-tu ? et ne nous plaignons que l'un à l'autre, et tout bas, en frères, si tu veux, en amis, larme pour larme, en enfants. — Mais sois homme envers tout le reste du monde, surtout envers Holstein, Arlès et Brothier. Où y a-t-il donc trois meilleurs cœurs que ceux-là ? Je sais bien qu'ils sont aussi sur des tisons. Mais c'est égal. Tu es mon écuyer et moi je suis leur père. Soyons hommes envers eux.

Si ton beau-père agit comme il te l'a écrit, tu me le diras ; cette femme m'avait paru de beaucoup la meilleure.

La lettre de Parandier me plaît, sauf le mauvais mot. Celle de Cucurny me paraît toujours fautive.

Arlès restera probablement peu de temps à Paris, et s'entendra sans doute avec Holstein. Adieu.

P. E.

· CCXXVI^e LETTRE ·

—

A DUGUET

Curson, 17 mai 1837.

Il faut que tu souffres bien, cher ami, que tu souffres cruellement pour m'écrire ce que tu m'écris. — Ta lettre où tu me demandais conseil est du 13 avril; elle est timbrée de Paris du 14; elle est timbrée d'arrivée à Tain du 16. Je l'ai reçue à Curson le 17, et tu as dû recevoir la réponse le 20. — A ton tour tu m'as répondu le 23 (lettre timbrée de Paris le 24), qui contient une lettre de toi à ton beau-père, du 23 avril aussi, par conséquent très-postérieure à la connaissance que tu avais de ma pensée de suspension dans mes démarches, dans laquelle lettre rien n'annonce que tu *suspendes* ces démarches. Ta lettre, d'ailleurs, ta lettre à moi, ne dit pas un mot qui puisse le faire soupçonner. — Cette lettre est arrivée à Tain le 26 et ici probablement le 27, peut-être même le 28. Quoique les nouveaux arrangements offerts par ton beau-père me paraissent de nature à rendre tes démarches bonnes, après quelques réflexions ; quoique j'aie reçu peu après ta lettre, des lettres que j'attendais et qui par d'autres motifs m'étaient nécessaires pour te répondre, je confesse que ta lettre du 23 ne me semble pas exiger une réponse très-prompte comme celle du 13. Cependant, de crainte de me tromper, j'ai voulu savoir en lisant cette lettre à ces dames quel serait l'effet qu'elle leur ferait sous ce rapport, et nous fûmes tous trois du même avis, savoir : que je pouvais ne pas répondre immédiatement. Toutefois, le 4 mai, c'est-à-dire au plus six à sept jours après réception de ta lettre, je t'ai répondu en *t'expliquant les motifs* très-réels et je dirai très-légitimes de mon retard. Voici, quant à ma réponse à tes démarches : elle ne m'a pas demandé vingt jours, tu le vois.

Quant aux lettres que tu crois que j'aurais *pu* et *dû* écrire aux deux femmes qui ont souffert pour toi, et un peu à cause de moi (je dis un peu exprès), je conçois que tu aies pu croire que maintenant que je suis rentré dans ma *famille*, que je reviens *au monde*, j'avais un *devoir* même à remplir envers la mère d'un homme que j'avais autrefois enlevé ou plutôt sauvé du monde. C'était vrai au fond, certes, j'ai un devoir envers ta mère ; mais ce n'est pas de *lui* écrire, c'était de t'écrire ma lettre du 17 avril, par exemple. — Mais quant à ce qui est d'écrire à C......, il m'est impossible de m'expliquer comment tu as pu arriver à pareille idée, toi qui sais combien j'ai toujours cherché à faire ce que je croyais lui être bon, à m'abstenir de ce que je croyais lui être mauvais. — Écrire à C..... sans qu'elle me l'ait demandé, sans qu'elle m'ait écrit, quand tu me disais que toi-même ne pouvais *parler pour elle*, ne pouvais dire les *mystères de sa conscience*, les sentiments qui la maîtrisent, quand tu citais toutes ses défaillances ; lui écrire ! mais c'eût été provoquer une confession de femme ! une confession de C..... aujourd'hui !!! Mais c'est inouï, pareille idée de ta part ! Je te le répète, cher ami, il faut que tu souffres bien cruellement, et il faut de plus que tu ne me dises pas bien clairement, et que peut-être tu ne t'expliques pas à toi-même bien clairement la vraie cause de ta souffrance.

Je n'ai pas dit que *vous* aviez eu peine à vous associer fraternellement ; mais que *nous* avions eu peine *tous*, et ceci aurait dû t'empêcher de commettre l'erreur d'interprétation très-extraordinaire que tu as faite, et peut-être aussi de m'écrire cet avertissement que tu as cru périlleux de renvoyer à d'autres temps.

Si tu pouvais croire que tous ceux qui ont été associés avec moi ne se sont séparés de moi *que* parce qu'ils n'étaient pas assez frères les uns des autres, ni même assez *mes* frères, je commettrais une erreur, car il y avait bien d'autres causes de séparation.

J'ai voulu seulement dire, et je maintiens même que je n'ai dit que cela, que chaque fois que, dans notre œuvre, vous avez fait quelque chose, vous avez bien plutôt cherché MES *ordres*, attendu mes éloges, ou craint MON *blâme*, en un mot désiré être AIMÉS de votre CHEF, que vous n'avez cherché CONSEIL, attendu les *éloges* ou craint le blâme de vos FRÈRES ; bien entendu tant que *vous* avez travaillé à notre œuvre, tant que vous avez reconnu un CHEF.

En d'autres termes, *vous* vous êtes ou je vous ai absorbés en moi ; que ce soit la faute de vous ou de moi, ou de tous, il n'en est pas moins vrai que, dans le cas actuel, il serait difficile de ne pas convenir que c'est toi qui ne veux avoir à faire qu'avec moi, qu'à moi, que pour moi, que de moi, et qui te refuses à te concerter, à t'entendre, à t'associer avec Arlès, avec Holstein, quand moi je t'y pousse. En un mot j'ai pu vous associer (bien entendu pour un temps) à moi, et je n'ai pas pu vous associer même (pendant ce temps) entre vous. Voilà tout ce que j'ai dit et voulu dire, et je suis certain que tu reconnaîtras, en y réfléchissant un peu, que c'est un fait vrai et incontestable. Qu'il y ait eu de ma faute, c'est parfaitement entendu, quoique mon désir ait bien été d'atteindre ce double but. — Mais tu bases ton avertissement sur une autre erreur, qui va encore confirmer ce que je viens de te dire. De ce qu'un grand nombre de ceux qui m'ont donné le titre de *Père* me l'ont retiré, tu en conclus *que je n'ai plus de fils*, de même que *tu n'as plus de frères*. Or je t'affirme moi que *j'ai* des fils, seulement *ils ne croient pas* avoir de Père. Tandis que toi, tu ne crois *pas même avoir de frères*. Remarque bien : j'affirme que *j'ai* des fils, j'en suis certain, et tu sais où est pour moi la base de toute certitude; *j'aime à croire*, si tu veux, que j'ai des fils, et toi tu *ne crois pas* avoir des frères ; voilà pourquoi je me sens disposé à agir, envers ceux qui m'ont renié ou me renient, toujours en père. Toi, je te défierais de dire comment tu es disposé à agir envers ceux que tu ne crois plus tes frères.

Aussi le nom de *Père*, je ne le revendique pas, mais je maintiens celui de *fils*, car je sais bien que je ne peux pas forcer à me croire Père et à m'aimer comme tel; mais ni Leroux, ni Transon, ni Jules, ni Michel, ni d'Eichthal, ni Pereire, ne sauraient non plus me forcer, quoi qu'ils fassent, pensent ou aiment, à ne pas croire que je les ai *engendrés* à une vie nouvelle, ni à ne pas les aimer comme des fils qui ont vécu du lait de mon âme, de la chair de ma vie. Que ce soit un peu par amour-*propre*, beaucoup même, c'est possible; mais je sens bien ce qu'ils ont de moi en eux, et aussi ce que j'ai d'eux en moi; tandis qu'entre vous autres vous agissez comme si vous ne vous étiez fait que du mal, comme si au lieu d'échanger entre vous la vie, vous ne vous étiez donné les uns aux autres que la mort. — Tu dis que tu es le seul en ce moment qui aies le droit de *se nommer* mon fils, soit : mais je n'en ai pas moins le droit de me croire le Père de vous tous.

Je n'ai jamais prescrit de FOULER AUX PIEDS toute *commisération*, toute *passion*, toute *affection individuelle*, même à ceux que j'ai menés

à Ménilmontant. Il paraît que tu n'as pas encore
compris pourquoi je vous ai quittés le 3 juin et
ce que je suis allé faire pour *tous* à Saint-Cloud;
ni mon amitié pour Holstein et pour Aglaé, ni
même ma réception à Curson, que tu as pourtant bien vue; ni ma vieille affection pour Arlès;
et déjà je m'en étais aperçu dans une lettre de
toi à Capella que tu m'as envoyée au Caire,
et qui nous avait fait mal à Lambert et à moi;
je n'ai jamais donné pareils *ordres* contre amis,
parents, enfants, femmes, mères : ne mets pas
à ton tour les illusions de plusieurs à la place
des prescriptions et des exemples de leur Père.

C'est moi qui ai fait changer les paroles de
tout est mort (quittez, etc.), et je crois bien que
c'est moi qui les ai remplacées par : Grand Dieu,
prenez soin de ceux qui nous aiment !

Vous êtes bien tous de mon école, mais votre
maître a ses fautes et vous avez les vôtres. —
Tu as réclamé, dis-tu, pour qu'*on* ne fît pas de
vous des serfs, et de vos femmes des courtisanes. Tu veux dire sans doute que tu as *pro-
clamé*, contre le dire de Rodrigues, de Bazard,
de Reynand, de Dugied, de Carnot, de Fournel,
qu'*on* n'avait jamais eu et ne pouvait jamais
avoir eu l'intention de faire de vous des serfs et

de vos femmes des courtisanes. Ta phrase eût été meilleure ainsi : malgré la disposition de plusieurs à être serfs et de plusieurs à être courtisanes.

Tu as permis à ton *beau-père* de te dire une phrase que tu n'as pas permis à ton père de te répéter. Tu lui as permis de te donner un conseil de conduite dans le monde, l'abaissement de ta susceptibilité, que tu n'as pas aimé à recevoir de moi; tu as accepté de lui (en lui faisant croire, il est vrai, que tu aurais pu t'en passer), une petite somme d'argent, et tu n'as pas aimé à me demander si je pourrais diminuer la charge pécuniaire que tu imposais à C..... ; je te le redis encore, tu es noble, tu es fier, tu es chevalier, tu l'as été trop d'abord avec ton beau-père, mais tu l'es devenu dans une bonne mesure. Tu l'es trop avec moi, mais je sais fort bien que tu ne seras pas long à reprendre ton niveau. Je te sais un peu plus que ne te sait ton beau-père, et je crois t'aimer plus largement, et aussi plus profondément, t'aimer *comme* si je t'avais quelque peu fait; et j'attends comme toi sans inquiétude, et je dirais presque contrairement à toi sans tristesse, parce que je crois que ce *passeport* que je viens te délivrer pour ton retour au monde, t'était indispensable, te sera bon et te fera aussi m'aimer davantage et mieux.

Tu auras mal compris ce que je te dis sur C....., si tu le lui lisais; peut-être ne pourras-tu t'en dispenser, et dans ce cas je ne te demande pas de lui donner conseil dans ce qu'elle devra en conclure; mais je m'adresse à elle-même, à son cœur, et aussi à ses souvenirs, pour la prier de regarder mon silence envers elle comme une preuve de ma constante affection, et aussi d'égards pour la femme que tu nommes ton amie, ton amante, ton épouse.

Quant à ta mère, encore une fois, ce n'est pas au moment où ton beau-père te faisait et se faisait une condition de ne plus parler avec toi de ton passé, que je pouvais raisonnablement songer et religieusement aimer à les violenter par l'intrusion de ma personne dans l'intérieur de ta famille. Il faut bien que je respecte *les individualités* de C..... et de ta mère; quant à ton individualité, quoi que tu penses, je l'aime plus que je ne la respecte, et pourtant tu es une de celles que je crois la plus respectable pour moi, mais surtout pour tout ce qui n'est pas moi. Cela ne m'empêchera jamais de la châtier (car le châtiment est toujours une souffrance pour l'indi-

vidualité), parce que les blessures que je lui
fais sont toujours inspirées par une médicinale
paternité.

J'ai regardé et regarde encore comme un miracle de la Providence, qui te destinait à l'apostolat, que tu n'aies pas été vingt fois blessé ou
une bonne fois tué en duel avant ta venue chez
nous. Au milieu de nous, tu as reçu mille blessures qui font autant de mal que des coups
d'épée, mais que l'intention, le lien, le but enno-
blissent davantage, à l'époque actuelle, et en vue
de l'avenir ; mais je tiens à ce que dans ton retour
au monde, le souvenir du miracle ne·pèse pas sur
ma pensée, en menaçant ton bonheur, ta santé,
ta vie. Toi qui m'as si souvent et si franchement
dit que tu ne te sentais pas de vocation pour le
calme, tu dois parfaitement sentir qu'il y a en
toi une faculté spéciale sur les écarts de laquelle
je dois te tenir en garde. Cette faculté, dans ses
écarts, s'appelle susceptibilité, et ton beau-père
et moi sommes d'accord pour t'en signaler les
inconvénients.

Que je prolonge trop longtemps les leçons,
c'est possible ; et c'est bien parce que j'ai fait la
leçon à tous mes enfants, qu'ils se sont envolés
quand ils en ont eu assez, pestant même contre

le nid et contre le hibou pédagogue. Mais ma mission était bien de leur donner un peu de dégoût pour un nid où ils n'avaient pas de mère, ni de femmes, tout en leur apprenant le mieux possible à voler à la recherche de l'une et des autres. Tu as la tienne : je peux donc finir ma leçon et fermer la classe ; et si j'ai usé encore une fois de la vieille méthode de M. Cinglant avec toi, plains-t'en à ton *obstination* à sortir le dernier de la classe. J'ai pris le gros bout de la férule, et je m'en suis même fait un peu mal à ma vieille main fatiguée ; mais tu reviendras un jour me la serrer, n'est-ce pas ?

P. E.

CCXXVII^e LETTRE

A AGLAÉ SAINT-HILAIRE

Curson, 4 juin 1837.

Depuis huit jours nous avons la main à la plume pour vous écrire, Thérèse et moi, ma chère Aglaé, mais la pauvre Thérèse a eu la maladresse de porter pendant ces huit jours la plus lourde migraine que je lui aie encore vue depuis mon retour.

J'ai votre bonne lettre du 25 mai, et depuis lors je n'ai rien reçu ni d'Holstein ni d'Arlès, mais remerciez Barrault, je vous prie, de l'envoi par Desessarts des deux premiers volumes du Maréchal Marmont.

Nous voilà, chère amie, à l'anniversaire d'un bien grand jour pour nous. Depuis ces cinq années, que s'est-il passé qui amène la solution du grand problême ? Le révolutionnaire de la morale, comme dit Rodrigues, n'a pas plus résolu l'affranchissement de *la femme* que les révolutionnaires politiques, au 6 juin, n'ont résolu l'affranchissement du *peuple* ; moi et eux nous avons eu la prison pour notre 6 juin ; eux et moi nous sommes bien *amnistiés,* mais la grande question d'*association* d'eux avec l'*Etat*, tel qu'il est aujourd'hui, de moi avec la *famille,* telle qu'elle est aujourd'hui, est toujours pendante.

Je sais bien que les hommes de la *résistance,* après avoir vaincu les révolutionnaires politiques, paraissent avoir fini leur temps et cédé la place à des hommes de *conciliation*, du moins qui ont *désir* de concilier. D'un autre côté, ma grande insurrection contre la *famille*, après avoir été battue, traquée, emprisonnée, chassée, par Bazard qui est mort à la peine comme Périer; par Rodrigues, doctrinaire comme Guizot, ma grande insurrection morale, dis-je, rencontre bien aussi dans le pouvoir (je parle du pouvoir moral et non politique) un très-vif *désir* de *conciliation*; ainsi vous avez commencé, vous, ma chère amie, par m'écrire des lettres en Egypte. (Duveyrier était alors votre ministre Molé) qui exprimait chaudement ce désir. De son côté, Thérèse m'appelait à sortir de ma vie exclusivement politique pour revenir à l'une des voies de la vie morale, et enfin Adèle est un vrai Thiers, prêchant la conciliation avec ardeur. Tout ceci n'est encore, je le répète, qu'un désir, et la forme que doit revêtir ce désir pour se réaliser est inconnue, en morale comme en politique; toutefois c'est beaucoup d'avoir le désir, c'est même indispensable pour arriver au but.

Depuis votre lettre, chère amie, le soleil est revenu, et votre santé a dû en éprouver soulagement; nous avons ici un temps charmant depuis quinze jours, pas trop chaud, de l'air, de la verdure, des fleurs; nos gazons semés poussent à vue d'œil, les fraises se colorent, les cerises et les groseilles vont aussi se mettre du rouge sur les joues, les figues grossissent, et les vers à soie mangent et dorment comme des bienheureux. Il était temps. — Je crois que les durillons que je me fais aux mains sont favorables à ma santé. Messieurs mes nerfs me fatiguent rarement et peu, grâce au travail que je donne à leurs amis les muscles. Mon estomac me paraît en aussi bon état que jamais, et sauf les dents qui me rappellent de temps à autre au sérieux, mon individu physique serait assez complétement dispos; quant à l'individu moral, je suis de votre avis, c'est par les yeux et avec les yeux qu'il se raconte et qu'on le juge, je ne vous en dirai donc rien, sinon que...

Connaissez-vous un jeu de cartes qu'on appelle *patience* ?

J'ai pris une vraie passion pour lui.

Il y en a une surtout, celle des 4 paquets de 13 cartes, qui m'absorbe ; on a deux jeux complets, l'un des jeux est dans ces 4 paquets (du-moins ils contiennent 52 cartes), les 52 autres restent en moins ; il s'agit de recomposer quatre paquets commençant par des rois et quatre commençant par des as, les cartes se suivant dans les uns et dans les autres, dans les premiers *descendant* du roi à l'as, dans les autres *remontant* de l'as au roi, sans tenir compte des couleurs. Les premières fois, par réaction contre Eugénie, qui commençait toujours par les paquets de rois et voulait toujours *descendre*, moi je commençais par ceux des as et voulais toujours *monter*. Je ne réussissais jamais. Depuis, je monte et descends alternativement, quelquefois même simultanément des deux mains et je réussis; et j'ai eu ainsi une nouvelle démonstration de la justesse d'esprit de Saint-Simon et de la vérité de notre foi.

Ce qui me fait toujours croire qu'il y aura un temps d'*ascension* pour moi, car voilà bien longtemps que je *descends* toujours; roi, dame, vallet, dix, etc., trois, deux : je suis un as.

Et voilà pourquoi je suis passionné pour la patience.

C'est tout ce que j'ai à vous dire sur mon moral.

La dernière lettre que j'ai reçue de Gustave était du 18 mai; il était content de sa santé, et n'était pas encore décidé sur la route qu'il allait choisir, celle des Pyrénées ou celle de Paris.

Je n'ai pas de nouvelles de Lambert, ce qui m'étonne et m'inquiète.

Adieu, chère Aglaé, je vous le répète encore, n'attendez pas toujours mes lettres, je vous en supplie, pour m'écrire ; vous savez bien le plaisir que me font des nouvelles de vous, et le besoin que j'en ai, et pardonnez-moi si ma plume fuit si souvent le papier maintenant ; la bêche la remplace et je ne peux vous envoyer les fleurs que je sème et les légumes que j'arrose.

Je vous embrasse.

P. E.

CCXXVIII^e LETTRE

A ARLÈS

Curson, 6 juin 1837.

Il y a déjà quelque temps, mon cher ami, qu'en parlant de vous avec des dames, qui, sans vous connaître, vous aiment bien parce que je vous aime, je disais ce que vous m'écrivez ; mais

7

j’ajoutais, à la tristesse présente, un motif, une cause providentielle que vous cherchez, sur laquelle je me trompe peut-être, mais que je dois vous dire, afin de vous aider comme je puis dans cette tempête.

Je disais donc à Thérèse et à Eugénie, dans une de nos soirées où votre nom est souvent prononcé, que tout en gémissant sur les terribles résultats de vos affaires avec l’Amérique, j’y cherchais le côté providentiel, et que je croyais l’y voir.

Votre rôle politique n’approcherait-il pas ? N’avez-vous pas cru un peu trop, pendant la durée de votre prospérité industrielle, que vous pourriez par votre industrie *privée* contribuer puissamment à l’œuvre générale ? N’avez-vous pas songé à un *établissement modèle* d’industrie, à vous faire une position PUISSANTE qui ne fût pas officiellement un *pouvoir* ? N’avez-vous pas mis de côté entièrement pour vous la voie administrative, législative, gouvernementale, ne vous réservant que la voie industrielle pure, et encore la voie commerciale, y adjoignant seulement vos fonctions à la banque, à *la chambre* (à celle du commerce), et dans des commissions de bienfaisance ? D’un autre côté, avez-vous pu trouver un adjoint, un second, qui vous permit, en vous remplaçant un peu au comptoir, de trouver bientôt le temps de figurer au comptoir social ou à l'atelier même où se forge la politique? Que Drut trouve dans ses revers un motif de persévérer et même de *recommencer*, je le conçois, et j'espère même qu'il s'en trouvera bien ; mais si, après avoir cessé le *Globe* et la rue Monsigny, j'avais rêvé encore la reprise d'un journal et des prédications de la salle Taitbout, j'aurais, je crois, très-mal fait. Si, après avoir quitté la caisse hypothécaire, j'avais cherché à retrouver une autre caisse; si, après notre vie apostolique, j'avais voulu, contre vents et marées, garder mon costume et ma barbe ; si, après ma lettre au roi, non lue, je voulais en écrire une seconde, je crois que j'aurais faussé et fausserais ma nature, voilà tout.

Le difficile, c'est la *transition*. Le *revers*, pour des vies comme les nôtres, est un appel à une phase nouvelle de la vie où Dieu veut que nous marquions notre place, et où il nous initie pour notre vie éternelle, et *par conséquent* dans l'intérêt de tous, aux pensées et aux actes qui doivent engendrer la société future. Vous vous êtesfait, en tous genres, dans la sphère où vous avez été placé, une réputation qui vous permet de franchir facilement la limite qui vous sépare de toute autre sphère ; vous quitterez celle où vous êtes sans y laisser ce que le monde appelle une tache, même lorsque cette tache n'est qu'un malheur ; et voilà pourquoi il y aurait cette différence entre vous et Drut qui *doit recommencer*, parce qu'il *doit* montrer qu'il veut laver sa tache.

Ne pensez pas toutefois que je prétende qu'il faille quitter la voie ancienne, avant d'avoir le pied dans l'autre. Je n'en sais rien, et ici il faut un tact qui n'est donné qu'à la personne qui doit agir. Ceci peut être bon, cela peut être mauvais. Il peut être bien de se faire aider à quitter, de se faire appeler par les voyageurs de l'autre route, mais il peut être bien aussi de ne pas les attendre, et de se jeter volontairement dans leurs voitures.

. Vous avez cru aussi qu'il fallait nécessairement une grande fortune personnelle, avant d'agir en politique. Vous vous êtes trompé, et il n'y a pas un seul des hommes qui *marquent* en politique, depuis quelques années, qui y soit arrivé avec de la fortune. La grande fortune est indispensable pour agir dans la politique quand on est en dehors de la hiérarchie politique ; ce n'est pas même alors la grande, c'est l'immense fortune à la Rothschild ou Aguado. Elle est, *au contraire*, un obstacle à une rapide élévation aux positions tout à fait supérieures, à moins peut-être d'y joindre un vieux nom noble, Molé ou Broglie, par exemple. Soyez sûr que Thiers et Guizot sont des indices suffisants de la vérité de ma proposition. Le talent, quand il est incontestable, frappe cent fois plus aujourd'hui quand il n'a rien, et il est d'autant plus ascendant qu'il veut avoir. M. Rivet restera peut-être toute sa vie préfet, lui qui est en si belle passe, parce qu'il a 40,000 francs de rentes et même un héritage en espérance.

Je vous le répète, votre position me paraît bonne pour opérer cette transition. Je crois même que vous pouvez le faire avec toute franchise ; je crois que vous pouvez dire haut, soit au public, soit au gouvernement et même à tous deux, le motif qui, après la rude et grande éducation commerciale que vous avez reçue, vous porte à croire que c'est pour le service *public*, pour l'œuvre politique, qu'elle vous a été donnée. Je crois que vous pouvez hautement professer les idées dans ma lettre au Roi, et vous pré-

senter, soit dans la lice électorale, soit dans le
camp gouvernemental, comme un des hommes
les plus capables d'aider à leur réalisation.

Si tout cela peut se faire en conservant un
pied dans l'étrier industriel, je ne le crois pas
mais vous seul pouvez en juger. Tout en descendant de ce cheval, pouvez-vous saisir la bride de
l'autre coursier ? Voyez.

Je crois que l'immense responsabilité que vous
avez assumée en prenant en main le gouvernal
de la barque Duf. F. et Cie, vous oblige à des mé
nagements qui rendraient illusoire toute espérance de faire revenir vos associés à la position
de confiance illimitée, d'abandon entier à votre
direction suprême, et qui suffisent pour me dé
montrer que vous ne relèveriez pas au niveau
ancien (comme *associé*) ce que vous avez élevé
très-haut et ce qui est tombé assez bas dans vos
mains d'autocrate. Vous avez fait d'ailleurs en
pratique d'industrie morcelée (comme dit Fou-
rier) des expériences qui prouvent plutôt votre
puissance dans une politique marchant vers une
industrie *associée*, que votre *prudence* en industrie privée. Vous vous êtes donné des chances
qu'un État seul et non une maison peut courir
parce que l'État est un milliard de fois plus élas

tique qu'un individu, et qu'il se relève d'une chute faite sur un de ses *mille* pieds, tandis que vous n'aviez qu'*un* pied.

Enfin, n'oublions pas que nous avons dit mille fois que le moment approchait où les hommes politiques allaient sortir des rangs de l'industrie, et non des rangs du barreau, ou de l'armée, ou des chaires des écoles. Si cela est vrai, comme j'en suis convaincu, je ne vois pas pourquoi un autre que vous en sortirait avant vous. Non pas que je tienne à flatter votre *orgueil*, mais je craindrais que votre visite au grand professeur d'humilité, à M...., ne vous eût disposé à baisser un peu trop la tête ; et, comme je vous l'ai dit, pour moi, baisser la tête dans l'adversité m'a toujours paru de la *platitude ;* la baisser quand vous vient la gloire, est et sera toujours la noble humilité. Mais M.... ne sent pas comme cela, et je crois avoir raison contre lui en morale, je dirai surtout en morale politique (parce que ceci paraîtrait un peu plus contestable par plusieurs), le reconnaissant toutefois comme très-fort en physique politique. Il a le tort d'appliquer à la *politique* ce qui serait très-juste appliqué à l'*intimité*. Oui, que l'orgueil s'humilie dans le sein d'un ami, d'une femme, quand Dieu le châtie ; parce qu'il se relèvera dans toute sa *dignité* sous une parole sévère, mais tendre ; parce qu'il se retrempera, *noblement* arrosé par des larmes communes ; mais qu'il s'humilie devant des hommes assemblés qui seraient heureux de l'écraser, de le crucifier ! Il a fallu que Dieu nous envoyât son fils lui-même pour enseigner cette doctrine *extrahumaine* et surtout pour que les hommes crussent à cette *humilité*, malgré l'immense orgueil de ce fils de Dieu crucifié, s'humiliant devant son père, mais donnant tout le monde à Satan, et se glorifiant par sa mort, par les blessures qui lui sont faites, par les crachats et les outrages, parce que ce sont œuvres de ce monde, œuvres du démon contre le fils de Dieu.

Nous qui ne croyons pas à Satan, mais qui voyons Dieu dans le monde ; êtres imparfaits que nous sommes, nous qui voyons dans les autres hommes des êtres imparfaits comme nous ; nous qui ne méprisons pas le monde et ne lui lançons pas l'anathème ; nous qui voulons l'améliorer et nous perfectionner par lui ; soyons glorieux pour nous et humbles pour lui quand il nous châtie pour ce que nous faisons de bien ; soyons glorieux pour lui quand il nous attribue la gloire qui lui revient, et humbles pour nous quand il nous couvre de cette gloire pour voiler nos faiblesses. Confessons ses fautes et jugeons-le, quand il nous méconnaît et nous juge trop mal ; confessons nos faiblesses et demandons-lui son absolution quand il nous juge trop grands ; mais ne plions pas sous la main injuste et froide qui veut nous courber, elle nous écraserait comme Jésus ; et ne nous gonflons pas non plus au souffle caressant qui veut nous bercer et nous rafraîchir, nous créverions comme Napoléon ; plions, plions jusqu'à terre sous la verge de la mère qui nous aime, sous les colères jalouses de la femme qui nous adore, devant les pleurs de nos enfants, si nos fautes leur ont fait du mal, parce que ceux-là nous aiment comme la *famille* aime. Mais ceci est la loi de la famille, ce n'est pas la loi politique ; ce qui convient au mystère ne va pas à la place publique, et les masses demanderont toujours aux hommes d'être tendres, et faibles même, dans la maison, d'être forts, et raides même, au forum ; je dis les *masses,* ce sera toujours aussi l'opinion des femmes sur l'homme vraiment homme.

Vous vous êtes mis sur la brèche, mon brave, et il ne va là que les hommes qui aiment la gloire ;

mais le blessé, celui même qui y meurt, en tombant crie encore : Vive la gloire ! Et ce cri engendre les glorieux successeurs du héros. Le clampin, même s'il doit être dans les compagnies du centre, aimera à raconter les exploits et les blessures de son père. Ne savez-vous pas que c'est l'aliment des âmes même les plus humbles, les plus candides, que c'est avec ce pain généreux que Dieu les réconforte, comme c'est avec les caresses de la douceur timide qu'il amollit la rude vigueur du héros. Voilà pourquoi la famille a été donnée à l'*homme,* et pourquoi aussi les femmes aiment tant les braves.

Vous croyez que dans le vin de votre bravoure vous devez mettre un peu d'eau, et voici que, dans votre coupe vidée jusqu'à la lie, je verse un nouveau breuvage enivrant. Oh ! ce n'est pas seulement parce que vous venez de voir M.... qui vous a laissé à *sec* que je pense ainsi, c'est que je me confie dans une autre source qui viendra modérer l'ardeur de cette boisson qui coule de ma plume ; c'est que je ne crains pas de vous pousser à la *politique,* quand je jette de toute ma force votre âme dans les épanchements les plus intimes, les plus tendres, les plus féconds en larmes du foyer *domestique.* Je vous l'ai déjà écrit quand je ne vous parlais que de modifier votre vie industrielle : vous êtes père et mari modèles ; ce *seront* deux de vos plus beaux titres de gloire, comme ce *sont* pour vous deux puissantes sources de bonheur, et j'aurais reculé devant toute excitation à un réveil de votre ardeur *sociale*, si je n'avais pas été sûr qu'elle marcherait avec un renouvellement et un accroissement de la tendresse qui vous entoure dans la *famille*.

Nous voici au 6 juin, anniversaire de notre prise d'habit et de ma reconaissance d'Arthur, les deux faits *sociaux* et de *famille* les plus graves que j'aie simultanément accomplis. En commémoration de ce jour, mon cher Arlès, je vous embrasse.

P. E.

CCXXIX^e LETTRE

A HOLSTEIN

Curson, 10 juin 1837.

Cher ami, j'ai reçu ta lettre par Arlès, qui était bien, comme je le lui écrivais, l'homme qui devait remettre ta main dans la mienne. Enfin nous recommençons donc à nous parler ! Dieu soit loué ! Mais je te demande que nos paroles ne soient que pour *nous*, et j'entends par nous, à Paris toi et Aglaé, ici ces dames et moi, en un mot l'*intimité*, nous avons pour le moment assez fait de socialisme.

Je te demande donc le silence complet, sur moi, sur mes intentions, mes idées, mes actes, envers les personnes avec lesquelles tu te trouveras pour moi en relation, à moins que dans des cas exceptionnels je ne te prie moi-même de commissions auprès d'elles en mon nom.

Et d'abord un mot général sur la liste civile.

Tu feras deux parts distinctes ou deux comptes généraux de tes rentrées.

Le premier, le compte des prolétaires, le deuxième celui des bourgeois.

Tu m'enverras ce que tu encaisseras pour le premier, à mesure que cela fera une somme qui en vaudra la peine.

Tu garderas à ma disposition ce qui te viendra du second, et je t'en indiquerai l'emploi, soit d'avance, soit quand je saurai par toi la somme disponible.

Pour commencer régulièrement sur ce pied et pour un autre motif que je vais te dire, je te renvoie l'effet de 500 francs que tu te feras rembourser par la Compagnie ou que tu négocieras, ou peut-être même que tu m'enverras si les versements des prolétaires s'élèvent à cette somme.

Tu prendras sur l'autre compte 500 francs dont moitié pour Sophie Lambert, et l'autre moitié pour Judith et Caroline que tu leur remettras, bien entendu, sans demander de reçu. Elles savent ce que c'est.

J'ai vu dans le *Journal des Débats* du 3 mai qu'une souscription était ouverte chez Demanche, notaire, rue de Condé, n° 5, en faveur de la mère de Fourcade. Tu iras y porter deux ou trois cents francs, selon ce que tu auras de disponible, sans te nommer et pour un anonyme. Cela te permettra de demander à M. Demanche des renseignements sur la situation de cette pauvre mère et sur l'état de la souscription. Selon ces renseignements nous augmenterions la somme.

Tu prendras *sans bruit* des renseignements sur la position pécuniaire de la mère d'Hoart, sur sa situation morale (savoir si elle connait maintenant la mort de son fils). Selon que cette position serait gênée, tu appliquerais à l'aider jusqu'à 500 francs, et cela sous la forme qui te paraîtra la meilleure pour que la bonne mère ne s'en aperçoive pas, si elle ignore la mort d'Hoart, et dans tous les cas pour que tous ignorent d'où vient cette somme. Je sais qu'un mystère complet est plus difficile à garder ici que pour la mère Fourcade ; aussi ne t'en fais pas une loi absolue, et si tu ne peux arriver à ton but que par le frère ou la sœur d'Hoart, fais-le, mais toujours ne me nomme pas, laisse deviner s'ils peuvent, mais ne *fais* pas deviner. Je crois qu'Aglaé pourrait t'aider pour cela, mais il y a aussi une autre femme qui me permettra bien, grâce à toi, de la ranger aussi dans mon *intimité*, et qui n'étant pas connue comme Aglaé sous ce rapport, pourra se charger de cette

œuvre, avec les instructions que tu lui don-
neras.

Voilà donc pour le moment l'emploi d'une
somme que tu n'as peut-être pas encore, mais
que tu appliqueras ainsi, dans l'ordre où je les
place, à mesure des rentrées, sans toucher pour
ces objets à l'argent des prolétaires.

Quant à celui-ci (qui comprend Barrault que
je tiens à conserver sur la liste où lui et Vincard
se sont très-bien accordés pour placer son
nom), je te le répète, tu m'en feras passer le
montant, ou tu l'appliqueras à des destinations
spéciales que je pourrai peut-être te donner à
l'avance.

Je désire que ta propre souscription soit spécialement et uniquement appliquée à notre correspondance et à tous les petits frais de courses
ou autres que tu feras pour ces œuvres pieuses.

Si tu étais embarrassé pour cette classifica-
tion de prolétaires et de bourgeois, quant à des
hommes de la province que tu ne connais pas
bien, laisse-les en dehors de la liste des prolétaires, et réduis celle-là à celle des prolétaires
de Paris, qui ont par le fait un signe tout particulier que je tiens à leur conserver.

Encore une fois, je te prie, cher ami, silence

absolu avec tout autre que les deux femmes que je t'ai désignées sur tout ceci. Je désire que ce que Duguet a si bien dit à tous les souscripteurs, soit une vérité, c'est-à-dire que je veux employer la liste civile comme bon me semble sans qu'on s'en mêle ; c'est cette unique réponse que je te prie de faire à ceux qui te questionneraient indiscrètement, quels qu'ils soient, sur cet objet.

Laisse-moi aujourd'hui ne te parler encore qu'affaires ; il me tarde autant qu'à toi de ne plus m'arrêter là ; cela viendra.

Embrasse Aglaé et cette autre dame si bonne pour moi.

Dis à Aglaé que j'ai reçu sa lettre du 6 qui se croisait avec la mienne, ou plutôt voici quelques lignes pour elle.

Adieu, ami, à toi comme toujours et pour toujours.

P. E.

CCXXX^e LETTRE

—

AU GÉNÉRAL SAINT-CYR NUGUES

Curson, 14 juin 1837.

Mon cher Saint-Cyr, avant ton départ de Paris,
j'ai pensé que je ferais bien de te donner copie
d'une lettre que j'ai écrite il y a plusieurs mois,
pendant mon voyage de Lyon, combinant le
conseil que tu m'avais donné, de faire une profession de foi, avec les avis que voulut bien
aussi me donner M. Rivet, et m'arrêtant à la
forme qui s'accordait le mieux avec ma dispositions d'*esprit*, mais surtout avec celle de mes
sentiments, j'écrivis cette lettre que M. Rivet fit
passer à son ami M. Fain. J'ai appris depuis que
ce dernier l'avait présentée à la lecture, en pré-
venant le roi des sentiments qui y étaient ex-
primés, et que le roi parut content, et se con-
tenta de cette assurance, renvoyant la lecture à
plus tard, ce qui ordinairement paraît vouloir
dire *jamais.* Fain qui est ainsi que Rivet un
ancien élève du lycée Napoléon, tous deux plus

jeunes que moi et qui me connaissaient alors sans que je les connusse, Fain a promis toutefois de revenir à la charge et de chercher un moyen opportun. Je ne crois pas avoir besoin de t'expliquer pourquoi j'avais choisi cette route offerte par M. Rivet lui-même, et pourquoi encore j'avais attendu le résultat de cette démarche pour t'en parler, pourquoi enfin il m'a semblé convenable et bon, sous tous les rapports, de ne pas te demander ton entremise en tout ceci. Je ne te la demande pas même en ce moment, car je suis complétement indécis de savoir s'il vaut mieux que cette lettre soit lue ou bien oubliée, mais ton opinion à ce sujet pourra être plus précise que la mienne, et ce que tu feras ou ne feras pas m'aidera beaucoup à arrêter la mienne. Dans tous les cas, ne fût-ce que pour qu'en revenant ici, tu saches à quoi t'en tenir sur mes dispositions de cœur et d'esprit en politique, je crois bien faire encore de t'envoyer cette profession de foi.

Je t'embrasse.

P. E

CCXXXI^e LETTRE

—

AU GÉNÉRAL SAINT-CYR NUGUES

Curson, 7 juillet 1837.

Mon cher Saint-Cyr, en causant au débotté tout à l'heure avec Emile, et après avoir lu ta lettre si amicale, j'ai appris de lui avec grand plaisir que la Chambre, en s'abstenant cette année de prononcer sur les grandes lignes de chemins de fer, paraissait toutefois disposée, en grande majorité, à considérer ces grandes lignes comme devant être faites par le gouvernement. Emile pense que la presse n'a pas encore fait le progrès qu'à fait la Chambre, et qu'elle se trouve dans l'ornière de défiance, où elle barbote depuis bientôt un quart de siècle, mais il espère qu'elle en sortira, et que l'intervalle des deux sessions suffira même pour que les journaux les meilleurs ou les moins mauvais arrivent enfin à la grande route.

Par là on évitera, 1° l'agiotage, 2° l'absence de plan général, et par conséquent les difficultés

des embranchements, inextricables dans l'autre
système, 3° le monopole.

D'un autre côté par là, on aura : 1° plus de
solidité, plus de conscience dans les travaux,
sinon plus de célérité ; 2° le moyen d'appliquer
sur une large base, et avec méthode, les troupes
aux travaux publics, ce que des compagnies ne
sauraient jamais faire ; 3° la possibilité d'exécuter des routes dont le produit *matériel* ACTUEL
ne serait pas suffisant pour déterminer des compagnies à les entreprendre, mais qui auraient
cependant une immense importance *morale*,
soit pour la défense extérieure, soit pour la sur-
veillance et la police intérieure, soit même pour
la splendeur, pour le luxe d'art que certains lieux
capitaux ou noblement illustrés exigent.

Je te cite cet exemple pour répondre à la
première partie de ta lettre.

Toi qui vois si bien ce spectacle de lutte d'a-
nimosités, de crises, de ruine que présente l'industrie, toi qui aimes à voir dans le gouvernement le principe d'ordre et de modération, tu te
réjouiras sans doute, comme Emile et comme
moi, de cette disposition de la majorité de la
Chambre.

C'est la même idée que je te prie d'appliquer

à toute ma longue lettre au roi, il ne s'agit pas
pour moi d'augmenter à tort et à travers la production comme le fait précisément l'industrie
actuelle, anarchique et désordonnée; il ne s'agit
pas non plus, par le mot d'industrie, d'exclure,
comme tu parais le croire, l'industrie agricole,
de cette haute influence que je voudrais voir
prendre au gouvernement dans *toutes* les bran-
ches de la production ; il s'agit seulement d'y
porter l'ordre, la modération, et aussi l'inspiration de la science ; il s'agit aussi d'y combattre
l'agiotage, d'y atténuer et de réprimer l'épou-
vantable concurrence qui fait, du champ de la
production, un champ de carnage, enfin de remettre un peu de dignité, de noblesse même, et
aussi d'attacher la gloire, là où l'on trouve aujourd'hui, tant de fraude, de bassesses et de
honteuses manœuvres.

Je n'avais pas dit de mettre un ou plusieurs
des fils du roi *parmi* les ouvriers, pas plus
qu'on ne les a mis parmi les soldats, mais
bien *à la tête* des ouvriers, et certes, si le
gouvernement exécute les grandes lignes du
chemin de fer (que ma lettre soit lue ou non),
les princes y paraîtront souvent, je n'en doute
pas ; mais je crois qu'ils n'y doivent pas

paraître en amateurs, en badauds qui vont voir comment est fait un rail ou un wagon, comme ils peuvent faire aujourd'hui sur le chemin de Saint-Germain, et comme un bourgeois va voir une revue, cela n'est pas digne d'eux.

Et c'est pour cela qu'il faudrait que, dans les études des plus jeunes princes, entrassent les connaissances de l'*ingénieur*.

Tu crains que lorsque le gouvernement serait à la tête du mouvement industriel, les occasions de guerre soient plus fréquentes, par suite de rivalités commerciales, que par tous les autres motifs que rencontrait l'ancienne diplomatie ; mais il y a déjà bien longtemps que les nations ne se battent guère plus que pour des rivalités commerciales. Or quelle est, de toutes les nations européennes, celle qui a fini par être victorieuse ? précisément celle qui était *le plus* industrielle ; tu vois donc que, dans ton hypothèse même, ce ne serait pas un mauvais calcul d'indépendance nationale que de pousser le gouvernement à être à l'égard des autres gouvernements, ce qu'était l'Angleterre vis-à-vis de l'Europe, c'est-à-dire le pays *le plus* industriel. Seulement notre position est plus favorable pour cela ; si nous n'avons pas autant la mer pour nous, la terre nous en dédom-

mage largement ; et d'ailleurs nous n'avons
ni l'aristocratie, ni le clergé des Anglais, ni
surtout la taxe des pauvres ; aussi n'entends-je
pas dire qu'il faille imiter, copier, ce qu'étaient
les Anglais, mais seulement qu'il faut *aujour-
d'hui* être, par rapport aux autres peuples, ce
qu'ils étaient, plus intelligents des intérêts industriels *actuels*, comme ils l'étaient des intérêts
industriels *passés*. Et je viens de raisonner
comme si, en effet, plus les gouvernements seront industriels plus il y aura de motifs de guerre,
ce qui me paraît une erreur, semblable à cette
autre inverse, que plus ils seraient militaires,
plus l'industrie prospérerait. Je crois au contraire qu'il serait plus juste de dire qu'il n'y a eu
autant de guerres dont le motif était commercial,
que parce qu'il y a eu pendant longtemps *un
seul* gouvernement *industriel* qui a voulu *mo-
nopoliser* le commerce, mais celui-là a perdu
l'Amérique, comme il perdra l'Inde, et il porte
aujourd'hui la peine de sa jalousie monopoli-
sante, et il faut même ajouter que pour qu'il en
fût ainsi, il fallait que le gouvernement mercan-
tile, comme disait l'Empereur, fût placé de manière à avoir la mer à sa discrétion, et il fallait
aussi qu'il n'y eût pas une seule puissance *con-*

tinentale qui fut aussi industrielle que lui. Du moment ou la France, au lieu de *guerroyer* avec l'Angleterre, a marché pour *rivaliser* avec elle, la paix entre les deux nations a été sentie non-seulement comme un repos nécessaire après une si longue lutte, mais comme un avantage réciproque.

Et si cela est vrai de la France à l'Angleterre, cela est mille fois plus évident de la France à ses voisins continentaux, qui, malgré ce qu'on nomme leurs limites naturelles, n'ont pas de véritables barrières entre eux, difficiles à franchir, et qui vont même percer à jour, avant peu, ces faibles murailles, afin d'aller en un jour de Paris à Vienne, à Madrid, ou à Berlin.

On dit que la guerre cesserait entre les peuples, si l'on découvrait une machine qui pût, d'un seul coup, détruire une armée entière, je crois que cela est vrai ; il n'est pas moins vrai de dire que la guerre cessera dès qu'on ne fera plus de machines de guerre, mais si ces deux moyens sont extrêmes et impraticables, il me semble qu'un moyen de diminuer, sinon de faire disparaître la guerre, c'est de mettre des chemins de fer, là où des Chinois bâtiraient de grandes murailles, là où nous élèverions de nombreuses forteresses, que Napoléon d'ailleurs a déjà fort bien appris à tourner.

Au reste entre toi et moi la question n'est pas là précisément. Tu as cru que je voulais pousser le roi à faire produire plus de cotonnades, de sucre de betteraves, de bijouteries, etc., enfin de tout ce qui surabonde déjà sur le marché, et en général à absorber par les *fabriques*, les bras mêmes si nécessaires à l'*agriculture*. Je m'étais donc mal exprimé, car tout ceci est, à peu près, le *contraire* de ce que je désire, puisque c'est surtout pour mettre l'*ordre* dans l'industrie que je voudrais voir le gouvernement présider, avec volonté et intelligence, à la marche aujourd'hui si aveugle, si remplie d'*encombrements* ou de *disettes*, si féconde en agiotage qui ne repose que sur les alternatives rapides de plein et de vide.

Mais comment, diras-tu, un gouvernement peut-il se charger de présider à tant d'intérêts ? — Certainement pas tout d'un coup, et quand bien même il ne ferait que se charger, l'année prochaine, des grandes lignes de chemin de fer, je crois que cela serait largement suffisant pour point de départ. Ce n'est pas d'ailleurs la quantité des choses à entreprendre dans ce but qui est importante, c'est leur qualité, et c'est surtout le moyen qu'on employe à les accomplir, la forme qu'on leur donne, l'esprit dont on les anime ; c'est une campagne d'Italie qu'il faut faire, comme Napoléon en 1796, il faut qu'on montre, comme lui, qu'on AIME et qu'on *sait faire* la grande guerre dont la société a besoin aujourd'hui. Et pourquoi d'ailleurs nos jeunes princes ne montreraient-ils pas qu'ils aiment et savent l'industrie, comme ils montrent qu'ils aiment et savent la guerre, puisque aujourd'hui tout bon citoyen doit comme toi *ne pas vouloir* la guerre ?

A bientôt. — Je t'embrasse.

P. E.

CCXXXII^e LETTRE

A ARLÈS

Curson, 7 août 1837.

J'attendais avec impatience cette bonne lettre,

mon cher Arlès ; Drut m'avait déjà bien dit que vos craintes étaient moins terribles, mais j'ignorais comment tout cela allait continuer. Votre séjour chez l'excellent M. Gros me fait aussi grand plaisir ; lui et sa femme me paraissent de bien bons amis, pour les peines comme pour les plaisirs. Malgré les bonnes qualités de Plantin, j'aime encore mieux vous voir chez M. Gros. Drut m'a dit que votre président de la chambre du commerce s'était conduit parfaitement dans toute cette crise et particulièrement en ce qui concerne Dufour frères ; cela ne m'a pas étonné, et je pense bien que M. Brossette a fait comme lui. Votre plan pour le clampin me paraît fort bon. Le mien (mon clampin), a été encore malade (estomac et cerveau), ce qui me fait encore reculer l'époque où il pourra quitter le nid ; il est bien maintenant. Je désirerais aussi beaucoup pour lui deux années de la Martinière. Merci pour vos poudres. Je suis très-bien maintenant, d'ailleurs, je crois tellement savoir la vraie et seule cause de mes indispositions nerveuses, que je ne compte que sur un seule remède pour m'en *guérir*, si Dieu veut me le donner : il me faut une préoccupation et une occupation colossales, alors je vous réponds que les nerfs seront enfoncés ; quant aux *palliatifs*, éther, fleur d'oranger ou poudres, j'y attache, je vous le confesse, une importance médiocre et en use ou userai sans en abuser.

La plume et l'encre ne sont certainement pas mes ennemis pour toujours, mais je suis encore convaincu que je n'ai rien à dire au *public* et que si j'écrivais aujourd'hui, ce serait plutôt un livre bon à lire dans cent ans, qu'un livre de circonstances politiques ou commerciales. Je vous l'ai déjà dit, je crois, j'aimerais mieux, en ce moment, écrire une page du catéchisme futur, qu'un volume de politique, d'économie politique, ou de philosophie. Si M. Riv... se dégoute du terre-à-terre administratif, je suis encore plus dégoûté du terre-à-terre de la presse, non pas que je ne voie point, dans tout ce papier noirci, une multitude innombrable de signes qui présagent prochainement un meilleur avenir, mais parce que je ne crois pas le temps venu de réunir ces signes épars dans une importante page, et que je suis même convaincu que ce sera à un autre ou à d'autres que moi à opérer cette réunion. Le moment où l'on recherchera, en France ou ailleurs, d'où viennent et ce que signifient tous ces signes n'est pas encore venu, et je le retarderais si ; *moi*, je voulais fixer l'attention sur eux.

Enfin, j'ai bien autre chose à faire : n'ai-je pas à condamner, par ma vie, le désespoir, le spleen, le suicide, par lesquels Saint-Simon a *dû* passer et qui ont décimé même notre petit troupeau, mais qui ne doivent pas m'atteindre, afin qu'un jour ils disparaissent du monde, à cause de mon exemple ?

Je ne comprends pas votre argument des 10,000 francs de rentes, contre le projet de M..... S'il se fait nommer député, ce ne sera pas pour des prunes, soyez-en sûr; la députation est un moyen de gagner de l'argent. D'où diable sortez-vous si vous ne savez pas cela ? Thiers, Cousin, Guizot et tant d'autres n'avaient pas 10,000 francs de rentes en arrivant aux Chambres, et ils ont dépensé à eux trois plus de 1,500,000 francs depuis sept ans.

Quant à M. R... je comprends encore moins. S'il veut devenir ministre, on y arrive fort bien d'où il est sans passer par la Chambre, où il est d'ailleurs difficile, sinon impossible de faire le quart du bien qu'on peut faire sur un aussi bel atelier que celui où il est. S'il croit pouvoir se faire à la Chambre une posi-

tion tout à fait hors ligne, à la bonne heure,
mais cela me paraît à peu près impossible
aujourd'hui. Je vois les Chambres (non-seulement celles-ci, mais même celle qui sortirait
d'une réélection), en décadence; il est vrai,
peut-être pas à leur première année qui pourra
même être très-brillante, mais la Chambre
nouvelle s'usera trois fois plus vite que celle-ci.
Enfin, si M. R... veut absolument passer par
la Chambre, est-il nécessaire ou indispensable
qu'il donne préalablement sa démission? Je
connais trop peu la loi pour dire oui ou non.
J'aimerais presque mieux, et même tout à
fait mieux le voir à la pairie qui va avoir bien
plus besoin de bonnes jeunes têtes que la
Chambre, et c'est un poste auquel il peut pré-
tendre; les ministères se forment ordinairement
moitié d'un côté, moitié de l'autre, et dans la
session prochaine où l'on s'occupera beaucoup
de grands travaux et d'industrie il sera plus
facile de se distinguer parmi les aveugles pairs
que parmi les borgnes députés. (Remarquez bien
que je n'entends pas dire que les aveugles y
voyent moins bien que les borgnes, parce que
souvent il vaut mieux ne pas voir, que voir
mal; on a d'autres sens qui viennent au secours

des yeux.) C'est même parce que sa nomination à la Chambre des députés est certaine que je n'en voudrais pas à sa place, à moins que le seul motif qui le porte là soit la certitude qu'il aurait de l'indispensable nécessité d'être à Paris, pour arriver. Ceci est en effet très-possible, et près de Montalivet, près de l'oreille du roi par Fain, près de tous les grands meneurs politiques, il lui sera peut-être plus facile d'empêcher qu'on ne l'oublie.

Je me résume, car j'ai tellement passé en revue le pour et le contre que mon opinion devient louche.

Je pense donc que dans la belle position politique et individuelle où se trouve M. R..., il ne peut avoir qu'une ambition, celle d'arriver au ministère. Il a pour cela trois routes : rester où il est, la pairie, la Chambre. Je les mets dans l'ordre où je les crois bonnes, mais j'admets qu'il faudrait complétement renverser cet ordre : 1° si la pairie est impossible à avoir ; 2° si son dernier voyage à Paris lui a démontré qu'il *faut absolument* être dans la capitale pour prendre un portefeuille. Il y a bien une autre route qu'il n'est pas inutile d'examiner, ce serait de ne pas encore songer à un ministère, car il y serait encore moins à l'aise pour faire le bien, aujourd'hui, qu'à Lyon, et de profiter de sa belle position pour agir sur le gouvernement et sur l'opinion avec cet admirable levier qui s'appelle l'ouvrier Lyonnais. On ne l'a pas écouté, dit-il, quand il a parlé de l'ouvrier, voyez pourtant ce que dit le duc d'Orléans à Rouen : De proche en proche les bonnes choses se répandent, sans qu'on sache comment, l'important est de les verser; tel canal où elles entrent et qui fuit, les laisse couler dans un autre où elles restent, et à qui l'on ne songeait pas.

Au reste sur tout ceci, je ne sais pourquoi je me permets d'avoir une opinion, parce que je ne tiens pas la queue de la poéle et ne suis ni au feu, ni même dans la cuisine représentative, et j'avoue qu'il faut y avoir les deux pieds, et depuis longtemps, et en bonne place, pour savoir comment on doit se conduire au milieu de toutes ces sauces et salmis, de toutes ces épluchures et tripailles, pour ne pas se salir, se brûler ou glisser.

Si Litz est encore à Lyon, faites-lui mes amitiés, dites-lui que son souvenir me fait grand plaisir, que j'avais déjà été touché de quelques mots que G. Sand met dans sa bouche, et que je suis bien content de penser qu'en composant il songe à moi.

Quant au bon et digne artiste Nourrit, comme vous le nommez, je vous envie de l'avoir entendu, mais je vous connais si bien que je suis sûr que son plus beau chant ne vous a pas fait plus de plaisir que les quelques bonnes paroles qu'il vous aura dites sur moi. Saluez-le, je vous prie, de ma part; j'ai vu avec plaisir que tous deux s'étaient associés pour donner un concert au profit des ouvriers sans travail; pareilles choses, je les prends toujours un peu pour moi, quand elles viennent de qui nous a connus, et mon *orgueil* se joint à mon *amour des autres* pour en savoir gré à ceux qui les font. J'aurais bien voulu aussi que nous pussions à nous quatre passer quelques bonnes heures, qu'en dites-vous, monsieur? Les artistes, les artistes! nous aurions fait un fort bon quatuor.

Adieu, cher ami, nous attendons Saint-Cyr aujourd'hui même, avec ses deux neveux, j'ai beaucoup travaillé ces jours-ci pour mettre notre jardin en état.

Vous ne me dites pas un mot de Decaen,

est-ce qu'il se serait abstenu vis-à-vis de vous, comme il l'a fait vis-à-vis de Drut dans toute cette crise ?

A Drut, au vieux camarade, amitié; faites mes compliments, je vous prie, à la bonne famille avec qui vous êtes à la campagne, et dites à M. Rivet des choses bien affectueuses pour moi, embrassez bien votre femme et ses enfants.

P. E.

CCXXXIII^E LETTRE

A ARLÈS

Curson, 24 septembre 1837.

Mon cher Arlès, Bowring est parti hier matin pour Grenoble, après avoir passé deux journées avec nous à causer de l'Egypte et des questions qui s'y rattachent. Dans notre dernière soirée, c'est de moi que nous avons parlé, et je serai bien aise de vous raconter un peu nôtre conversation et celle avec Saint-Cyr qui en a été la suite, lorsque vous réaliserez votre excellent projet pour lequel Macker a dû vous écrire. J'espère que samedi vous pourrez partir; Macker réclame toute la petite famille, mais je crains que vous ne puissiez pas exécuter ce programme, trop complet pour une course si rapide et pour un retour de nuit. Pour vous, homme, rien de plus facile que de faire ce petit voyage; vous serez lundi à votre bureau comme à votre ordinaire et aurez passé deux bonnes journées avec nous. Le samedi Macker voudra vous garder, et il mérite bien que vous lui fas- siez ce plaisir, c'est un excellent garçon, mais je tiens, moi, à vous avoir le soir à Curson, parce que, quoique vous dormiez facilement le soir, comme nous pouvons remplacer le fauteuil à la Voltaire, par la promenade au jardin, nous emploierons cette soirée à ba- varder, de vous, de moi et de tout ce qui nous touche.

Suis-je donc redevenu à Lyon un tel sujet d'effroi que vous, qui m'avez reçu chez vous, soyez obligé de dissimuler que vous venez me voir? Les Lyonnais sont des vilains; moi qui leur ai montré sous mon habit grenat, une face très-amie de leur face, je devais m'attendre à meilleure grâce de leur part.

A samedi donc. Faites mes compliments à M. Gros et à M. Rivet, et aussi à M. de la Hante et mes amitiés à Drut.

P. E.

CCXXXIVᵉ LETTRE

A ARLÈS

Curson, 13 novembre 1837.

Je ne vous ai pas écrit à Paris, mon cher ami, parce que je n'avais rien à vous demander de la capitale et rien à dire à ses habitants. Votre petite lettre de retour me fait plaisir, parce que vous me dités que vous êtes content sous *tous les rapports*, mais j'aurais aimé à savoir en gros les *autres rapports*, car vous ne me parlez que du rapport qui me touche personnellement. Quant à celui-ci, je n'ai pas bien su démêler dans ces germes semés, le fruit que vous

espériez, et dans la terre, l'état de sa prépara-
tion selon vous satisfaisante. Vous paraissez
croire que je peux être *à eux* et *à tous*, leur
donner des *avis*, des *conseils*, en renonçant
à l'idée de DIRECTION; il y a là une petite con-
tradiction que je ne m'explique pas; outre cela,
je ne vois pas possibilité d'être *à eux* particulièrement (c'est-à-dire à ceux dont vous me
parlez), sans être à *tous ceux* qui se croient
autant de titres qu'eux à *me posséder*, et qui
aimeraient autant qu'eux mes *conseils*. Je
ne vois possibilité à tout ceci que dans le cas
où tous ces éléments épars d'une politique et
d'une pratique de vie nouvelles, seraient parvenus, soit à ma position de grande influence
personnelle dans la politique ou dans l'industrie,
ou dans d'autres grandes carrières, soit à for-
mer déjà par leur masse, leur ensemble, une
espèce d'opinion déjà envahissante qui aurait
besoin de se centraliser encore plus par l'u-
nité de direction. Or, nous n'en sommes pas là,
jusque-là je leur ferais faire des bêtises et
probablement ils m'en feraient faire, si nous
voulions nous mettre dans la position que vous
me paraissez concevoir. Ce n'est pas à dire
que je croie mauvais tous rapports d'eux à moi,

ou de moi à eux, en ce moment ; je crois, par exemple, qu'ils peuvent être un peu meilleurs que ceux que j'ai eus avec eux il n'y a pas encore un an, et je le souhaite vivement pour eux et pour moi, mais je n'ai aucune idée sur la forme que pourraient avoir ces rapports, si ce n'est que j'excluerais, sans crainte de me tromper, pour le moment, tout ce qui ressemblerait à un *conseil* de ma part sur la vie politique, morale, industrielle de chacun des hommes dont vous me parlez. Je peux bien me permettre de donner un conseil aujourd'hui à un homme quelconque venant consulter M. Prosper E. cousin du général Nugues, quelque peu clerc, homme en âge de raison, et mûri par une vie déjà assez longue et voyageuse, mais pour *redonner* des conseils à qui j'ai déjà donné autre chose que des conseils et à d'autres titres que ceux que je viens de dire, cela me paraît plus délicat.

Il me semble que si P.... est sûr de me trouver une position honorable (cadeau que je serais loin de repousser de lui) d'après ses lettres précédentes, c'est sans s'inquiéter de l'avenir et uniquement comme témoignage d'affection pour mon passé, et il pourrait donc me faire ses propositions à cet égard, sans qu'il soit question de conseils à donner. Mais je me trompe, car j'ai déjà moi-même repoussé tout ce qui ne serait qu'un témoignage de *recon-naissance*, et non un gage *d'espoir* pour mon avenir.

Au reste, assez sur ce sujet que je ne trouve pas encore paré de couleurs très-séduisantes, je me résume en deux mots. Je ne crois pas que mon retour dans le monde puisse être opéré *directement* par les hommes que j'avais enlevés au monde ; ce qui, bien entendu, ne vous comprend pas dans cette catégorie, et voilà pourquoi je me permets de vous *conseiller* de ne pas faire fond sur les germes que vous avez semés à Paris, du moins pour en attendre les fruits que vous paraissez espérer. Vous avez aidé sans contredit Michel, et d'autres, à se remettre l'âme, quant à moi, dans une assiette plus convenable, et en cela vous avez rendu service à eux et certainement à moi, mais non pas à la manière que vous paraissez croire. Vous nous avez rendu service à tous, parce que je le répète, il est bon pour tous de sortir de l'ornière où nous avons été embourbés tous l'année dernière ; mais nous n'en sommes pas encore à monter dans la même voiture, il faut auparavant savoir quelle voiture prendre, et comment s'y placer : sur l'impériale, dans le coupé, l'intérieur ou la rotonde, sur le siége du cocher ou à cheval en postillon, ou dans le coffre aux paquets. Cette dernière place me sourirait peu, par exemple, t je ne m'y mettrai que le jour où on me fera roi constitutionnel.

En attendant Curson me va toujours bien ; quand je l'ai quitté dernièrement pour aller voir Laurent, je suis revenu du bourg malade, comme pour m'indiquer que Curson devait être mon domicile actuel. Il y a huit jours, je suis allé coucher à Tain et, encore une nouvelle confirmation, j'en suis revenu indisposé. Maintenant je suis parfaitement.

Mes compliments à M. Rivet et amitiés à Drut, et dans l'occasion à Dufour. J'embrasse votre femme et toute la famille, et vous, deux fois pour tous.

P. E.

CCXXXV^E LETTRE

—

A ARLÈS

Curson, 13 décembre 1837.

Votre silence m'inquiète, mon cher ami, quoique je vous suppose de rudes et grandes occupations. Les affaires seraient-elles plus difficiles que vous ne pensiez, et vos espérances sur votre liquidation américaine s'évanouissent-elles en partie? Ou bien votre santé n'est-elle pas au niveau de votre tâche actuelle? Rassurez-moi. Je n'ai jamais à vous parler dans mes lettres que de moi, et dans les vôtres à peine si vous me parlez de vous; je sais bien que vous n'avez pas de temps pour *causer*, et que lorsqu'il vous en reste un peu votre amitié me le donne pour moi et non pour vous. Cependant n'exagérez pas trop le dévouement, et quand vous me donnez une heure, songez à vous pendant cette heure, je suis sûr que c'est ce que vous pouvez faire de mieux pour moi en ce moment. — C'est vous dire que je

suis toujours impuissant à croire qu'en ce
moment j'ai autre chose à faire qu'à vivre de
la vie de ceux que j'aime *de cœur*, à vivre
d'intimité, d'amitié, de ces bons et purs sentiments auxquels on dit presque adieu, quand
on s'embarque dans la vie *publique*, et qui
sont si indispensables et si doux dans la solitude.

Saint-Cyr est parti hier pour Paris, passant
à Lyon de nuit sans y coucher, il voulait aller
d'une traite à Châlons; Macker est également
parti pour Paris, vous l'aurez vu. Nos députés
et amis Giraud et Henri Monier sont aussi à
leur poste, ou sur la route, ce qui fait que
Curson est tout à fait rentré dans le repos,
c'est le moment où j'aimerais le mieux vous y
voir, et si pareille escapade pouvait se renouveler, ce serait bien bon ; y compris cette fois
le clampin si les classes le permettent.

Saint-Cyr part avec l'intention et même le
vif désir de parler de moi et sonder le terrain
en divers lieux, sans qu'il s'agisse d'autre chose
que de sonder et m'écrire ensuite le résultat,
et les conséquences qu'il en tirera pour agir
ultérieurement. Je crois qu'en effet cela se bor-
nera, pour assez longtemps encore, à ce son-

dage, mais je le crois bon, indispensable. Je m'attends que la réponse sera : On regrette que tu ne fasses rien, mais on ne sait que te faire faire; on *voudrait*, mais on ne *peut* et l'on ne *sait* pas. Toutefois, je suis envieux de connaitre les détails et la forme de ces pourparlers confidentiels.

Aglaé m'a écrit que Mme Petit allait venir ou était même déjà à Arborac, ayant pris un assez fort intérêt chez Decaen et renonçant à son entreprise agricole. Petit pensait également venir à Lyon. Voilà bien toujours la mère confiante et défiante à la fois, mais qui est défiante après la foi, tandis qu'il serait plus logique et surtout meilleur, pour l'esprit et pour toutes les relations, de l'être avant et de laisser là la défiance, du moment qu'on s'est décidé à lâcher les écus ou à donner l'affection. C'est là la cause de toutes les peines de cœur et d'argent de cette excellente femme, et je dis excellente parce que cela est. D'Eichthal, me dit-on, veut aller en Afrique. Je voudrais qu'il profitât de la mission scientifique que le gouvernement se propose d'y envoyer et s'y fit adjoindre. Voyant l'autre jour qu'on avait chargé un M. E. Desalles de la mission dont me parlait Bowring vers l'Égypte et l'Inde, cela me fit réfléchir davantage que je ne l'aurais fait, à cette mission scientifique de l'Algérie que l'on va donner à un petit corps composé d'hommes de diverses spécialités, et je me suis demandé encore une fois très-sérieusement : Est-ce à cette porte que je dois frapper ou faire frapper? Or, comme je ne me conçois qu'une mission isolée (en pareil cas), ou une mission à *diriger* si elle se compose de plusieurs personnes, et que celle-ci a le caractère *collectif,* et que je suis convaincu qu'on rirait, si j'en demandais ou faisais demander la *direction*, je suis rentré dans ma coquille, et dans tous les cas je crois bien faire en attendant ce que m'écrira Saint-Cyr de ses demarches. Vous comprendrez toutefois combien de motifs pourraient me faire regarder cette solution à notre impuissante recherche pour mon rattachement au monde *social* comme bonne.

A propos du sondage de Saint-Cyr à Paris, je voudrais bien savoir si parmi mes lettres que je vous ai écrites, la grande où je vous parlais de Montalivet et du duc d'Orléans a été lue en lieux qui aient pu porter leur écho jusqu'à ces messieurs, ou remise copiée en des mains qui aient pu la mettre en partie sous leurs yeux. Je ne le crois pas, mais si vous en savez quelque chose, écrivez-le moi.

Je reviens à la mission scientifique. Jusqu'ici et même pour la grande et illustre commission d'Égypte, on n'a entendu par là que l'étude du *passé* presque exclusivement ou du moins d'une manière prédominante. L'archéologie, l'histoire, l'architecture ont dominé; et encore, l'architecture qui aurait pu parler du *présent*, et même de *l'avenir*, a toujours recherché les plus vieilles ruines, beaucoup plus que le logis des populations actuelles et la disposition de leurs villes, villages, rues et maisons. Ces commissions pourraient pourtant, tout en conservant leur caractère *théorique*, voir autre chose que le *passé*. Elles pourraient (et c'est là un des grands mérites des théoriciens) s'occuper de l'avenir. Les théoriciens se trompent certainement très-souvent quand ils veulent parler d'avenir en administrateurs, parce que la question de *temps* n'est rien pour eux, et que les petites nécessités du présent leur échappent; mais ils sont *voyants, prophètes,* et c'est aux hommes de gouvernement à faire parler ces sybilles, à provoquer les prophéties, puis ensuite à en tirer parti, *selon le temps*. Si jamais mission doit avoir ce caractère, c'est celle-ci, car il ne s'agit pas d'un pays qu'on veuille explorer pour le quitter ensuite. Si la commission d'Égypte a engendré Champollion, a peuplé nos musées, a écrit un bel ouvrage, et si ce sont là les fruits que la France en a recueillis, les deux grands projets de Suez et du Barrage sortent aussi d'elle, et féconderont tôt ou tard l'Égypte. Nous qui voulons garder l'Algérie, nous devons donc au moins avoir autant en vue les fruits que l'Algérie retirera d'une mission scientifique, que ceux qui viendront enrichir les musées et bibliothèques de France. Quoiqu'il soit très-curieux de savoir quelque chose des Numides et de l'occupation Romaine, et même du séjour du grand Saint-Augustin et des chrétiens du v° siècle dans ces contrées, j'aimerais autant savoir ce qui pourra s'y faire même dans cinq siècles de bon et utile pour les Arabes, pour la France, pour le monde. Et la question de *gouvernement* la plus capitale, celle de *l'union des Arabes avec nous,* certainement les praticiens, les administrateurs peuvent arriver, par l'influence du contact journalier à trouver, peu à peu, des

procédés chaque jour meilleurs pour faciliter
l'association, et diminuer les aspérités du contact de la croix et du croissant. Mais les théoriciens, les rêveurs, avec leur nez de mille
pieds qui flaire par-dessus les siècles, avec leur
toise pantagruélique qui ne mesure que des
masses et non des individus, les théoriciens,
dis-je, peuvent plus facilement poser un *principe*, indiquer un *but* éloigné vers lequel chaque
jour on doit tendre, enfin donner une *boussole*
qui aide à marcher plus droit. Je suis convaincu
qu'on commence à comprendre que la difficulté
pour garder Constantine, n'est pas aujourd'hui
dans les criailleries des avocats des chambres,
ni dans la mauvaise humeur que cette occupation peut causer à quelques diplomates étran-
ger, mais qu'elle est en Algérie même et qu'elle
est renfermée dans cette phrase ou plutôt dans
ce mot : comment *organiser* la domination de
Français sur Arabes. Or, quoique ce soient des
praticiens qui feront cette organisation, ce seront des théoriciens qui en poseront les bases,
les principes, je dirais presque la Charte, et
voilà en grande partie pourquoi je me félicite
grandement de voir un général d'une *arme
théorique* à la tête de la Colonie, surtout suc-

cédant à un *praticien* comme Clausel; voià aussi pourquoi je pense que la commission scientifique manquerait son but, si elle était principalement composée d'enregistreurs de vieux faits, de collecteurs de médailles, ou de physciens et d'astronomes. J'aimerais mille fos mieux y voir, un maître de ballets, un décrateur et un costumier, ceci sans plaisanterie, car, je crois que la danse, la peinture et l'habit sont les trois plus grands moyens de civiisation à employer sur les Arabes, et même sur nous, *à l'égard des Arabes*.

En voilà bien long sur ce sujet, peut-être cela signifie-t-il que j'en ai fini tout à fait avec lui, et que j'ai dit tout ce que j'avais à dire sur l'Algérie; peut-être aussi est-ce le contraire, peut-être le petit prophète Gustave, avait-il encore une fois raison en disant que c'était le chemin que je devais prendre pour revenir au monde. Allah Kérim.

Adieu mon cher ami; je vous embrase vous et toute la famille.

P. E.

CCXXXVI^e LETTRE

—

A ARLÈS

Curson, 19 décembre 1837.

Les bonnes nouvelles que vous me donnez sur les affaires et sur la famille me font grand plaisir. J'en avais besoin ; j'étais inquiet. Cette pauvre N.... a donc encore été malade, embrassez-la bien pour moi; vous êtes bien heureux d'avoir chassé si vite une des plus mauvaises maladies qui existent, une des plus longues et des plus dangereuses.

D'après votre lettre je doute presque que vous ayez reçu la mienne du 13, puisque vous me demandez de vous prévenir du départ de Saint-Cyr, et que je vous avais annoncé, ce me semble, le 13, ce départ. Pourtant plusieurs autres parties de votre lettre semblent être des réponses et me mettent en doute. Au reste, comme vous m'annoncez que la nature artiste repousse, il est possible que ce soit un de ses bourgeons.

Vous m'engagez à participer, au moins passi-

vement mais pourtant avec soin, aux travaux
actuels et à la marche du monde, et vous trou-
vez que Curson n'est pas absolument convenable pour cela, quoique, d'un autre côté, vous
trouviez qu'il ne soit pas temps de quitter la
retraite. Tout ceci me paraît fort juste ; je crois
en effet que le temps des réflexions solitaires,
des méditations sur le moi, arrive à son terme,
et que, depuis 1832, j'ai assez eu le temps de
ruminer toute ma vieille nourriture pour avoir
besoin d'en chercher de nouvelle ; mais quand,
où et comment trouver cette pâture nouvelle,
c'est toujours là une question insoluble pour
vous comme pour moi. Ensuite je ne suis pas
même parfaitement sûr de la qualité des aliments
que réclame mon estomac.

Quand vous me parlez de participation aux
travaux, à la marche du monde, vous n'expliquez
pas vous-même quels travaux vous avez en vue,
et en quoi consiste ce que vous appelez la marche.
Le monde marche dans la famille comme dans
la cité, moralement comme politiquement, sous
l'empire des femmes comme sous celui de
l'homme. Ces travaux sont donc de ces deux
natures ; et si, lorsque l'homme *agit*, il doit agir
en homme, peut-être que lorsqu'il *observe* il

doit observer plutôt les travaux et la marche des femmes que celle des hommes. Donc, jusqu'à ce que ma participation devienne *active*, la meilleure manière de la préparer à être un jour *puissante*, est peut-être de participer *passivement* aujourd'hui à la *puissance* des femmes ; c'est-à-dire d'être beaucoup plus à la morale qu'à la politique, à la famille qu'à l'État, à mes *amis* qu'à mes vieux *fils*. Je suis trop porté de cœur d'ailleurs à ce que ma raison vous exprime ici, pour ne pas croire que ces pensées sont dans une bonne voie ; mais je n'en suis guère plus avancé, parce que dans la famille je n'ai pas de plan mieux arrêté que dans l'État ; il est vrai que peut-être c'est le propre dans la famille d'agir sans plan, sans système arrêté, sans but défini, et de se laisser aller tout bonnement où le cœur nous porte.

Je vous confesse d'ailleurs que je ne me sens aucun goût, en ce moment, pour me livrer à l'étude des œuvres mâles du monde ; non que je les juge puériles à l'excès, mais précisément parce qu'elles ne se *systématisent* pas encore assez pour mon goût, et que pour m'occuper d'elles il me faut absolument le système. Pour faire de grandes choses en morale il faut sentir le prix des moindres petites choses, de la plus faible caresse comme de la plus délicate écorchure ; pour en faire de grandes en politique, je dirais presque qu'il suffit de sentir *un seul* grand acte humanitaire, d'avoir toujours l'œil dessus et la main contre.

C'est l'amour pour ce grand acte qui vous révèle et vous inspire *hiérarchiquement* les actes qui découlent de ce grand acte et qui y conduisent. Je crois, de plus, avoir fait, dans cette partie, des *études* suffisantes, mais je reconnais très-hautement que je n'ai rien *pratiqué* en ce genre, tout en croyant que je pratiquerais assez proprement si nous en étions là, et cela sans en *savoir* beaucoup plus que je n'en *sais* sur les DÉTAILS des œuvres humaines. Quant aux faits GÉNÉRAUX, comme disait Saint-Simon, il y en a deux ou trois dans le passé de l'humanité, il n'y en a pas plus dans son présent, il n'est pas difficile de les voir et de les suivre. Soyez sûr que si Louis-Philippe VOULAIT être, comme disait encore Saint-Simon, le premier roi industriel, il en saurait plus qu'il n'en faudrait des œuvres humaines pour cela ; l'important en politique c'est d'avoir *une* volonté, en morale c'est presque de n'en point avoir, ou, comme nous disions autrefois, pour être un grand roi il faut être *égoïste;* pour être un bon père, un bon ami, un bon mari, un bon frère, il faut être *dévoué*. César est payen, le bourgeois est chrétien — et je crois que la bourgeoise peut être sans inconvénient un peu payenne, et la reine très-chrétienne.

A propos de bourgeoise païenne, vous jetez dans ma solitude une amorce bien séduisante, vous m'engagez à venir à Lyon, en me disant qu'une belle dame vous a demandé de mes nouvelles. Saint Antoine n'en a pas eu de plus rudes à vaincre; mais je reste et vous attends plutôt quand vous aurez encore des gants à acheter à Grenoble. Je n'en suis pas moins sensible au souvenir de cette belle dame, que j'aime beaucoup et qui, j'en suis sûr, s'en doute un peu, puisqu'elle disait que je lui faisais peur.

Adieu, cher ami.

P. E.

CCXXXVII° LETTRE

—

AU GÉNÉRAL SAINT-CYR NUGUES

8 janvier 1838.

Nous avons reçu ta lettre où tu nommes les trois personnes auxquelles Camille a dû parler. J'ai vu souvent M. Bagnières chez M. Laffitte, mais je ne sais pas même s'il me connaît, M. Plée, où je vois un ancien camarade de la pension Lepètre, mais plutôt camarade d'Auguste que de moi, enfin, quoique j'aie eu des affaires avec l'étude de M. Riant, je ne le connais même pas de vue. J'aurais été bien aise de savoir si d'autres Compagnies se présentaient pour ce chemin, et les noms des *faiseurs* de ces Compagnies, afin de vous dire si je verrais plus d'espoir d'un autre côté. Une seule chose me fait regarder le projet comme réalisable, et c'est aussi ce même motif qui me fait penser que c'est la meilleure et presque la seule route que je puisse prendre pour rentrer activement dans le monde : c'est que toutes les objections qui seraient relatives à mes dix dernières années doivent être très-atténuées, quant aux chemins de fer, par les noms qui figurent dans celui de Saint-Germain, noms qui ont tous été accolés de très-près au mien depuis dix ans. Flachat, Péreire, Fournel, Michel Chevalier, Bonnet, sortent tous du même coin, Lami et Clapeyron sont mes amis intimes, et le nom de d'Eichthal qui y figure encore est furieusement cousin germain de celui d'Enfantin; je ne vois guère que M. Rothschild, dans cette entreprise, qu'on ne puisse pas accuser d'avoir figuré à la rue Monsigny. D'un autre côté, je vois bien qu'il est en général admis que nous avons été très-vivement promoteurs de cette nature d'entreprises ; quant à moi personnellement, on sait aussi que j'étais allé en Égypte pour une affaire du même genre ; enfin, mon titre d'ancien élève de l'école est bien aussi quelque chose. Malgré cela, je suis grandement en doute du succès de Camille, et très-désireux de savoir comment se sera passé son pourparler à ce sujet avec ces messieurs.

Adieu, cher ami.

P. E.

CCXXXVIII^e LETTRE

—

A ARLÈS

Curson, 15 janvier 1838.

Merci, cher ami, de vos bons souhaits pour
l'année. J'ai bien reçu les papiers de M. Laperrière qui m'écrit *Anfantin*, et je lui renverrai un
de ces jours les livres que vous m'aviez fat
passer. M. Laperrière désire que je lui commu-
nique, par votre intermédiaire, ma pensée sur
ce qu'il m'a envoyé ; remerciez-le, je vous priu,
d'abord de son attention à répondre à ma demande
et à me mettre au courant de ce que font lui et
ses amis. Quant à mon opinion, particulièrement
sur la tentative qu'ils font pour continuer, par
une espèce d'*association* intellectuelle, l'élaboration et la propagation des idées de fourrier, a
voici : Je crois que, pour eux comme pour nous,
en 1832, l'*élaboration* est assez avancée, *par
voie d'association*, et que ce qui le prouve c'est
la scission qui a eu lieu. Que pour la *propagation*, leur association semi-mystérieuse est un

faible et même un mauvais moyen ; enfin, que je les crois arrivés, comme nous en 1833, à la né-cessité de la *dispersion*, et par suite au *retour à la vie pratique du monde*, aux carrières qu'il offre à chaque capacité, afin d'arriver à *pouvoir,* eux qui pensent *savoir* ce qu'il faut faire pour le bonheur de l'humanité.

J'ai écrit à Petit de venir, si sa visite n'avait en aucune façon trait au passé et aux affaires de sa mère. Je l'attends ainsi que Jules d'après ce que vous me dites. Quant à Decaen, j'aurai également grand plaisir à le voir, s'il vient visiter son acquisition de Larnage ; priez-le de laisser à Arboras, comme Petit à Lyon, une affaire sur laquelle je n'ai absolument plus rien à dire.

Je disais à Petit que vous n'aviez pas entière-ment répondu à ma dernière lettre, et en effet vous ne m'avez pas dit si mes lettres d'Égypte, particulièrement celle où il était question de Montalivet et du duc d'Orléans, avait pu parvenir aux oreilles de l'un ou de l'autre.

J'ai commencé ma lettre par des réponses, pour ne rien oublier ; et maintenant baisez bien pour moi ma pauvre N...., brave hussard, sou-vent blessé à la bataille de la vie, mais qui s'en tire courageusement. Vous ne tirez pas votre

poudre aux moineaux, mais j'aimerais bien mieux
que vous vous en serviez pour eux que pour ces
pauvres enfants. J'en voyais l'autre jour à Romans, coqueluchés, qui me rappelaient vos trois
malheureux tousseurs de l'année dernière, et
faisaient peine à entendre.

C'est votre dernière lettre qui m'annonçait la
mort du brave Plantin; présentez, je vous prie,
à sa femme mon triste souvenir. Je conçois bien
toute la part que vous avez prise, vous et votre
femme, à cette mort d'un vieil ami.

Et ne m'oubliez pas non plus près de votre
belle-mère et de M. Dufour pour le salut de nouvelle année.

Vous me demandez mon avis sur l'article de
M....., et comme c'est aujourd'hui son jour de
naissance, nous avons double motif pour en
parler. Saint-Cyr en a été *époustouflé*, ses
sœurs un peu moins parce que j'étais là. C'est
vous dire que j'y ai vu suffisamment de motifs
pour me consoler de l'aimable jour de l'an qu'l
m'a souhaité. Si M..... croyait ne *pouvoir* réhabiliter Saint-Simon mort, qu'en crachant sur Saint-
Simon vivant, s'il le *croyait*, et si d'ailleurs l
ne *pouvait* pas faire autrement à cause des *exigences* des *Débats*, son article est bon en tout

point ; s'il le *croyait*, mais s'il *pouvait* cependant (comme vous le pensez) faire autrement, il a fait une grosse brioche ; s'il n'était pas entièrement convaincu du refus qu'on lui ferait d'insérer une apologie de Saint-Simon, qui n'eût pas été accompagnée d'un jugement très-rude sur ses successeurs, je le répète, il a bien fait, mais je suis comme vous en doute, et je penche pour la brioche. La réponse de Carné est venue mettre en saillie tout ce qu'il y avait d'aimable pour moi et tant d'autres dans la lettre de M....., mais elle n'a pas détruit et n'a pu détruire ce qu'il y a d'heureux dans une insertion aux *Débats* d'un éloge de Saint-Simon aussi complet que celui que M..... avait fait ; or c'est là tout ce que s'était proposé M....., j'en suis convaincu. Devait-il ne se proposer *que cela ?* Ceci est une autre question, et j'y répondrais encore oui, *M.....* ne *devait* se proposer que cela, *il* ne *pouvait*, lui M....., faire que cela ; je crois qu'il *pouvait* le faire sans brioche, parce qu'il n'est pas absolument nécessaire que dans tout ce qu'il fait de bien on trouve une grosse maladresse, mais enfin lui M..... ne pouvait faire que cela.

Quant à son jugement sur l'hérédité, c'est une idée qui travaille, je crois, depuis le voyage de

M..... dans le Midi, quelques vieux S. S., Rességuier, Brothier et autres, et que M..... ne met
en avant, je crois, que par *politique*, tandis
que les autres se cassent en ce moment la tête
pour arranger la conservation de l'hérédité avec
toutes les autres idées qu'ils possèdent, ce qui
fait un gachis curieux.

Ceci a eu lieu peu de jours après un déjeûner
où M..... avait réuni Vinçard, Holstein, Dupontès
et quelques autres que vous ne connaissez pas,
et où l'on avait bu à ma santé. Holstein, en me
l'écrivant, me disait : Tu sens que je ne suis allé
chez M..... qu'après avoir eu l'assurance de ses
bons sentiments pour toi, et tu ne tarderas pas
à recevoir la preuve que la foi de M..... en toi
est ce qu'elle était autrefois et ce qu'elle doit être.
J'ai appris depuis par Aglaé que Holstein avait
été enchanté de l'article, et moi je voyais déjà
Holstein allant demander raison à M..... de
l'avoir mis dedans avec son champagne et sa
santé du père.

D'Eichthal, qui prend très-vivement cet article, disait cependant à Aglaé : Le père en rira
bien et trouvera que c'est joliment jésuite. Il ne
s'est pas trompé.

Je vous ai dit que Saint-Cyr en avait été renversé, et vous comprenez pourquoi ; lui qui veut parler de moi à divers gros bonnets, a pensé que tout le monde lui jetterait à la tête, au premier mot, l'article de M....., et cela peut être. Quant à ses sœurs, j'ai éprouvé tant de plaisir à voir qu'enfin Saint-Simon, douze ans après sa mort, recevait un hommage avec grande publicité et publicité presque officielle, ministérielle, gouvernementale, que j'ai diminué un peu leur tristesse par la joie qu'elles m'ont vu éprouver. En somme, je vous le répète, je suis content de l'article, comme j'ai presque toujours été content des œuvres de M....., c'est-à-dire avec un mélange de tristesse, en voyant l'homme à *la raison d'État* comme il s'est nommé lui-même, sacrifiant tout pour arriver à ses fins, qui sont certainement larges, puissantes, religieuses, et de plus avec un mélange de cet instinct qui porte à rire quand on voit tomber un homme de cheval, ou de sa chaise, ou tout bonnement *de ses pieds*. Comme j'ai ri, par exemple, tout en souffrant, et de plus en admirant, quand M....., à Sainte-Pélagie, le 5 mai, est venu me dire : Père, c'est aujourd'hui l'anniversaire de la mort de Napoléon, et *j'ai choisi* ce jour pour vous annoncer ma détermination de cesser toute espèce de relation avec vous. Ce sont de ces choses que M..... seul invente, comme lui seul pouvait faire l'article sur Saint-Simon. C'est admirable, douloureux et plaisant. Ce qui est admirable en lui, lui donnera probablemennt bien de la gloire et du pouvoir, ce qui est douloureux en lui pour les autres lui attirera bien des chagrins, mais ce qui est plaisant ne lui causera que ce qu'on donne à celui qui tombe et se fait mal, des soins et même des caresses, quand le fou rire est passé.

Nous sommes dans la neige jusqu'au cou, le pont Morand doit être impraticable avec cette bise, ce froid et cette neige ; doublez les redingotes et le manteau par-dessus ; l'année sera rude pour le travail, et il faut faire provision de santé. Je ne vous engage pas du tout à user de nos diligences en ce moment, d'autant plus qu'ici on ne peut pas quitter le coin du feu.

Adieu, mon cher ami, embrassez pour moi votre chère femme et vos enfants.

P. E.

CCXXXIXᵉ LETTRE

A ARLÈS

Curson, 26 janvier 1838.

Mon cher Arlès, je vous renvoie la correspondance. Si l'article du 6 était une brioche, je trouve que les deux réponses sont plus que cela, et qu'elles donnent même à l'article ou à la brioche une teinte un peu foireuse. On ne dit pas à un homme pour lequel on craint un peu de folie qu'il a des hallucinations; cela ne peut se dire qu'à un homme froid et posé le jour où il fait quelque brioche. Quant à B......, pour le plaisir de rendre dent pour dent, il lui dit de grosses injures, ce qui n'est pas de bon goût, selon moi, dans le cas actuel; M..... pouvait garder tout l'avantage de la position vis-à-vis des deux, en leur répondant tout bonnement : Vous me critiquez, faites mieux que moi; — j'ai réhabilité Saint-Simon, faites-le mieux que moi; vous croyez que je *devais* réhabiliter le Père et que je *pouvais* le faire, essayez. Du reste, sa pensée : *Je fais,* tandis que *vous ne faites rien,* est fausse et ne lui allait pas, puisque c'était tomber lui-même dans la faute des autres ; il n'est pas indispensable d'être maître des requêtes, rédacteur des *Débats,* conseil au chemin de fer, ingénieur des mines, pour *faire ;* chacun des anciens frères de M....., quoi qu'il en pense, fait son œuvre selon sa capacité, et M..... sait très-bien que la capacité de B...... et celle de Gustave sont très-grandes, mais ne sont pas la sienne ; pour se remêler au monde comme M..... l'a fait, il fallait être M....., et si B...... avait repris le harnais de l'instruction publique il serait, et pour longtemps, professeur obscur de province. Je ne dis pas pour cela qu'il fasse un excellent roman, mais c'est que ce n'est pas plus là ce que *fait* B......, que l'œuvre de M..... ne consiste dans les lettres qu'il vient de leur écrire. Tout le monde n'est pas homme du temps, de pratique immédiate, de politique journalière.

Il paraît que vous et M..... pensez que la question du sort de la race juive n'est pas tout à fait aussi importante que celle du sort des chemins de fer.

Vous vous trompez, et Dieu vous en donne une preuve bien claire par les noms de Rothschild, d'Eichthal, Fould, Léo, Péreire, qu'il a écrits sur les rails des chemins de fer *français*. Mais que celui qui s'occupe des juifs s'y prenne pour son œuvre de la même manière que M..... qui s'occupe des chemins, c'est impossible ; l'un doit être aussi *rêveur* que l'autre est *positif,* aussi *excentrique* que l'autre est *concentrique.*

M..... a fait un bel article sur le Danube, mais il ne connaît pas un juif de Vienne ; Gustave les connaît tous, et ce sont eux qui *feront* ce dont M..... *parle* ; et Gustave ne leur a peut-être pas parlé de chemins, mais il leur a parlé des juifs, tandis que M..... parle des chemins et ne dit rien des juifs. Rothschild a attrappé au vol ce que nous disions dans le *Globe* des chemins de fer ; mais attendez le jour où un gouvernant aura pris au vol quelques-unes des paroles hallucinées de Gustave, et vous verrez comment iront les chemins *et* les juifs. Vous vous rappelez peut-être ce que j'ai dit et écrit sur la *mine d'or* la plus féconde qui existe au monde et que possède Méhemet-Ali, la Palestine, avec laquelle on pourrait faire les beaux chemins que M..... a rêvés dans le temps où il rêvait, et qu'il a décrits dans ses hallucinations prophétiques du globe, routes de Bagdad, Ispahan, le Caire, etc.

C'est qu'en effet la mine d'or de Palestine a des filons à jour sur tous les gros points du globe, filons qui s'appellent ici Rothschild, là Eskelès, là Striglitz, ici Hertz, Lévi, etc. M..... doit être naturellement préoccupé des *pouvoirs* constitués, titrés gouvernementalement, fonctionnaires enrégimentés : Gustave a plus en regard ce qui est *pouvoir* en dehors, excentrique. — Celui des juifs est immense, industriellement parlant, il n'a plus besoin que d'être *constitué*, et il peut et doit l'être avant toute autre constitution possible de *pouvoirs* industriels. Il peut l'être parce que le juif forme race, peuple *à part;* il doit l'être, parce que le peuple de Dieu, le peuple élu, le peuple initiateur, malgré l'appel général des gentils, est le symbole de la chair qui doit ressusciter, et qu'il faut *commencer* par le symbole, parce que le symbole est universel et distribué sur la surface du globe, tandis qu'aucune autre puissance industrielle *humaine* ne jouit de cet avantage.

Je pense que votre désolation sur le clampin n'est pas très-grande. Avec un patron comme M......, il a une fière marge pour vous rendre heureux d'être son père. Seulement n'exigez et n'attendez pas de lui des œuvres de droitier, mais celles du gaucher peuvent être joliment belles.

Ce qu'il y a de plus curieux dans cette correspondance, c'est que soit dans le billet d'envoi, soit dans les lettres à Gustave et B....., il est impossible de voir si M..... se doute que son article devait, en effet, causer quelque chagrin à ses anciens frères ou à moi; il n'a pas plus l'air d'y avoir songé après ces deux bourrades fraternelles, qu'il n'en a l'air dans l'article même du 6 janvier. Ceci est prodigieux, et c'est toujours M.....

Je n'ai pas plus de nouvelles de Jules que d'Alexis; ils sont sans doute gelés dans quelques coins. Cela me gêne, parce que pour ne pas les manquer, je renvoie toujours des courses nécessaires à Romans, Tain ou Valence. Si vous savez quelque chose d'eux, dites-le moi.

Adieu, cher ami, tout à vous.

P. E.

CCXL^e LETTRE

—

A ARLÈS

Curson, 23 février 1838.

Voilà bien longtemps, mon cher Arlès, que le silence est entre nous, j'en suis las et je le romps. — M..... craint toujours que je me croie infaillible, mais il me semble qu'il a peine à croire avoir pu faillir un peu lui-même le 6 janvier. Au reste, je lui ai, je crois, appris à chercher le côté providentiel de toutes les fautes, des miennes comme des siennes, c'est important.

Il m'est passé ces temps derniers par la tête, et très-en l'air, une idée qu'il faut que je vous dise. Je ne sais trop à propos de quoi il m'est venu à l'idée que, lorsque Bowring serait de retour à Londres, et si en même temps vous deviez y faire un voyage, je ferais bien d'y aller avec vous ou bien sans vous. L'Angleterre me travaille un peu, comme Vienne quand je revenais en France ; peut-être n'en serait-il ni plus ni moins, mais dites-m'en votre avis ; il me semble que, sans couper les démarches de Saint-Cyr, cela pourrait leur donner un nouveau tour plus utile et plus sage, parce qu'il s'est un peu *accroché* à Alger, trop exclusivement pour tâter, comme il faudrait, sur plusieurs points. D'un autre côté, cette affaire du Canada est une *occasion* inévitable d'un grand mouvement d'idées politiques à Londres où, déjà, sans cela, on est, ce me semble, en fermentation. D'ailleurs *voir* serait pour moi beaucoup, en ce moment où je n'ai pas à faire. Réfléchissez à cela et dites-moi votre avis.

Adieu, cher ami, embrassez pour moi toute la famille que j'aime bien, à vous.

P. E.

CCXLI^e LETTRE

A ARLÈS

Curson, 5 mars 1838.

Une seule chose me surprend, mon cher Arlès, dans la lettre de M..., c'est qu'à côté de ses mécon-

tentements politiques dénommés (Martin Molé), il
n'y ait pas une contre-partie de contentements
politiques également dénommés. Le grand prince,
je veux dire Talleyrand, ne quittait une planche
pourrie que pour sauter sur une poutre neuve.
Jusqu'à ce que fût venue sa poutre neuve, il
restait collé à sa planche pourrie et n'attendait
pas d'elle des excuses. Est-ce à dire que les
dites planches ne sont pas pourries? Je ne sais,
mais se brouiller avec ces messieurs, de la part
de M....., dans la voie qu'il a prise, ne me semble pas un excellent signe de leur solidité, que
M..... en ait ou n'en ait pas conscience ; seulement, je le répète, il manque une contre-partie.
— La mer où viennent de s'embarquer nos hommes d'État est furieusement inconnue, pour eux
et pour tous les passagers du navire, et pourtant on est lancé, il faut naviguer. Le coup de
lame de la conversion sera déjà un peu rude à
soutenir, et les prodigieux efforts des *Débat*
pourraient bien n'avoir pas plus de succès que
sa lutte contre l'amnistie. Seulement les *Débat*
ne se sont pas brouillés avec les amnistieurs
parce que, en définitive, les amnistiés n'étaient
pas des coupeurs de bourses, mais la conversion! M. Bertin, qui tient tant à ne pas être *ré-*

duil ! c'est autre chose ; or, pour peu qu'une faible majorité paraisse acquise dans la Chambre, au projet de conversion, le ministère y tournera rondement, M. Lacave en tête, ou bien M. Lacave sera mis à la porte pour faire revenir cette faible majorité à une autre opinion, et ce sera l'occasion d'un petit remaniement ministériel ; dans le premier cas, les *Débats* feront défection, car c'est pour eux une question de cabinet, quoique ce n'en soit certainement pas une aux yeux de M. Molé, et en cela je crois, même aujourd'hui, ce que je vous écrivais d'Égypte, que ce sont les *Débats* qui ont raison, et que la conversion est une opération de cabinet, si jamais il en fût, précisément parce que les questions de cabinet sont toujours (grosses ou petites) celles qui touchent aux *passions* [1]. Les chemins de fer n'en sont pas encore une, il s'en faut de beaucoup, quand bien même il serait démontré, clair comme le jour, que M. Martin n'y entend rien. Mais les chemins de fer sont pourtant la grosse

---

1. La seule modification apportée à ma pensée d'Egypte c'est qu'*aujourd'hui* la conversion, si elle était provoquée par les Chambres, serait une question de cabinet heureuse en tous points, tandis que plus tôt, et provoquée par le Gouvernement, elle avait de plus grandes et funestes conséquences.

question à l'ordre du jour, mille fois plus haute que celle de la conversion; aussi cette dernière lui vient providentiellement en aide, afin qu'à propos de conversion on prépare les moyens (personnel et finances) de faire les chemins.

J'ai pourtant tort de dire que la contre-partie manque entièrement, car voilà deux fois que M..... vous parle de son goût pour M. Lahaute, lequel paroissien est un gaillard à formes *évolutionnaires*, qui doit nécessairement jouer un rôle politique dans une politique industrielle. J'ai dit formes évolutionnaires, je crois que je pourrais dire révolutionnaires, et il faut un peu de cela, chaque fois qu'on veut faire du neuf; c'est même ce qui manque au ministère, depuis qu'il n'a plus Persil, remplacé par cette pâte molle de carbonaro, Barthe. Il a fallu le banquier Casimir Périer pour sortir de 1830, et certainement il faudra autre chose que l'avocat Martin pour marcher sur des chemins de fer.

Je n'aime pas de M..... ces phrases : la considération que je ne mérite vraiment pas — et je suis caressé plus qu'on ne me le doit; car qu'ai-je-fait? — Ces phrases-là sont de mauvais et même de très-mauvais goût, surtout écrites à vous. Mais peut-être croit-il que ce n'est pas à

M..... tout entier que s'adressent cette considération et ces caresses ; peut-être pense-t-il qu'elles ne sont destinées qu'au M..... depuis 1833 ;
alors je conçois un peu plus son humilité, mais
elle tient simplement à une grosse erreur, qu'il
ne commet pas d'ailleurs toujours, car sans cela
il n'aurait pas fait sa lettre à Carné.

Pour en revenir à la politique, je vous engage
à vous rappeler ce que je vous ai dit et écrit de
Montalivet ; malgré M. Rivet, tant que vivra le
roi, ce sera le *pivot* ministériel ou je serais fortement trompé, et ce pivot n'est pas d'âge à
s'user par l'action, il se polit au contraire. Le
temps des phraseurs finit, et il en a profité pour
l'être très-suffisamment ; le temps des hommes
d'exécution arrive, car il faut faire nos chemins,
et ce sont des hommes qui ne pourront s'entendre avec aucun autre de tous les premiers ministres que nous avons eus jusqu'ici, quoique
M. Molé soit une très-heureuse transition.
Quant à Thiers et Guizot, ils en sont où en est
Laffitte. Guizot *récrit* et *re*professera bientôt ;
si Thiers ne fait pas des *premiers Paris* quelque part, j'en serais bien étonné, et il en fera
bientôt comme Laffitte fait sa banque. Mais Dupin ? — c'est lui qui aidera le plus (comme la

conversion) à mettre en mesure d'exécuter les chemins de fer, car c'est lui qui doit clore le règne des avocats, et par conséquent saluer, le dernier, la venue des industriels. Assez sur la politique. Je vous embrasse ainsi que la femme et les enfants.

P. E.

CCXLII^e LETTRE

AU GÉNÉRAL SAINT-CYR

Curson, 31 mars 1838.

Je réponds plus promptement cette fois à ta lettre, mon cher Saint-Cyr, parce que tu fais un appel à ma sincérité qui ne me permet pas de me taire, ni même d'attendre. Il faut que je me sois bien mal expliqué dans nos conversations, rares, il est vrai, et dans mes lettres, pour que tu puisses mettre en doute si j'*abjure* ou n'*abjure* pas mes doctrines passées, c'est-à-dire ce que j'ai dit et écrit sur les destinées que je crois être celles de l'humanité. Je crois à cet avenir aujourd'hui tout aussi fermement qu'il y a six ans, et lorsque tu me vois approuver des actes du gouvernement, ce qui m'arrive très-souvent aujourd'hui, c'est parce que je trouve que ces actes y acheminent. Je me réjouis, par exemple, de voir prêcher par Guizot, Molé, Montalivet et des masses d'hommes puissants, la nécessité d'une foi religieuse ; je me réjouis de voir le règne des avocats finir peu à peu et délivrer le régime parlementaire d'un obstacle très-puissant à toute grande chose ; je suis heureux de voir que les questions de chemins de fer, de canaux, prennent une importance financière et politique qui écrase les discussions *aujourd'hui* oiseuses sur ce qu'on appelait sous la Restauration, et avec quelque raison alors, les questions de principes, comme la liberté de la presse, la responsabilité des ministres, la liberté individuelle, et en général toutes les lois de *défiance* envers le pouvoir.

Et c'est parce que j'ai *confiance* dans la marche généralement très-sage que suit le gouvernement de Louis-Philippe, que j'ai écrit de cœur et en toute vérité ma lettre au roi ; et c'est aussi parce que j'ai cette confiance que j'ai cru possible, quoique très-difficile, que je rendisse quelques services.

Et ne crois pas que mon espoir sur l'avenir religieux, politique ou moral de l'humanité m'aveugle et m'ait jamais aveuglé, au point de négliger entièrement la question de temps ; je sais fort bien qu'il faut des siècles, et que ce n'est pas un jour qui suffit à l'espèce humaine pour faire peau neuve ; et qu'il ne dépend ni d'un homme, ni de quelques hommes de la transformer à volonté ; je confesse même, que ces six années, loin d'augmenter mon impatience, m'ont donné au contraire une patience que je pourrais dire, pour moi personnellement, à toute épreuve. Je songe, sans trop vive douleur, que je pourrais bien mourir comme Moïse sans avoir vu la terre promise, et que dix-huit siècles de prédication de la fraternité chrétienne n'ont pas encore détruit partout l'esclavage, même chez les chrétiens.

Mais tu redoutes moins, je crois, mes propres dispositions que l'influence sur moi de mes disciples. Je puis t'affirmer cependant, que ni eux, ni moi, ne sommes disposés à renouveler la rue

Monsigny ou Ménilmontant ; autre temps, autre œuvre.

Je t'embrasse.

P. E.

CCLXIII^e LETTRE

—

A ARLÈS

Curson, 25 avril 1838.

Voici donc la conversion qui complique la chahut constitutionnelle d'une vigoureuse façon. Je ne sais si c'est M..... qui se lamente si fort dans les *Débats*, mais Jérémie n'a jamais été plus triste. Chose assez drôle, d'ailleurs, les *Débats* vont en arriver à mon projet du *Producteur,* car ils veulent déclarer le non-remboursement, et conserver d'un autre côté l'amortissement ; or, la seule solution convenable à ce double désir qui puisse donner en même temps une bonne fiche de consolation aux convertisseurs, c'est évidemment le projet du *Produc-*

teur. J'avais envie d'écrire à Camille Nugues de le remettre sur le tapis, par son caissier, M. Gravier député; ils le connaissent fort bien, puisque ce sont eux qui m'ont fait parvenir auprès de M. de Villèle pour le lui présenter. Peut-être lui en écrirai-je un mot, si l'occasion vient et si l'envie revient. Jusqu'ici il me paraît que les ministres se sont conduits dans cette affaire en hommes d'esprit, et qu'ils n'ont pas voulu se casser le nez contre la volonté arrêtée de la Chambre des députés, mais le difficile n'est pas fait, et ils vont avoir de rudes moments ainsi que la pairie. Le fait est qu'il n'y a pas un seul défenseur des rentiers qui ait la moindre réputation financière, et qu'au contraire ceux qui jouissent de cette considération les accablent. De plus, une partie de ces défenseurs, Laborde, Liadières, par exemple, sont de l'antichambre du château, ce qui doit faire un effet détestable à la Chambre dont la majorité ne serait évidemment pas fâchée d'opérer ainsi une réduction sur la liste civile de Louis-Philippe, qui doit avoir quelques coupons 5 0/0.

Je suis enchanté de ce que vous me dites de la position de Decaen, et pourtant cette offre de 100,000 francs me paraît tellement extraordinaire que je retombe quelquefois dans mes éternels doutes. Au reste, quel est donc celui de nous tous qui n'est pas incompréhensible par un coin ? Vous, par exemple, qui déblatérez contre la chahut, et qui, à cause de l'impudicité de cette dame, paraissez vous être fermé les yeux, les oreilles, la bouche même à Paris. La chahut constitutionnelle et artistique, que diable voulez-vous de mieux aujourd'hui. Ne faut-il pas qu'avant de terminer la grande farce qui se joue depuis 1814 surtout, chacun vienne montrer ce qu'il a de plus sale entre deux chandelles? Louis-Philippe, dites-vous, s'en frotte les mains, il a meilleur goût que vous. Il use, dites-vous, tous les hommes capables, vous auriez dû ajouter capables de chahut, et de cela vous deviez lui rendre grâces, il les use comme Napoléon a usé au canon tous les 93 ; Louis-Philippe a fait son 18 brumaire en août 1830, et il était alors entouré des chahutiers Guizot, Dupin, B. Constant, etc., qu'il fait tuer régulièrement comme Napoléon a fait tuer Lannes, Augereau, et tous les révolutionnaires qui l'avaient porté sur le pavois ; c'est le sort de tout pouvoir qui s'élève par l'appui d'une génération déjà compromise dans une vieille route, les premiers appuis tombent dans l'ornière. Même si nous devions jamais avoir un succès, au moyen des légitimistes ou des républicains, nous serions obligés de les enterrer tous à Saint-Denis ou à Clamart avant d'y avoir vu un peu clair. C'est le sort de tout ce qui est *révolution*, mais non de ce qui serait *évolution*, parce que, dans ce cas, on s'appuie sur ce qui a de l'avenir et non sur ce qui est déjà presque passé.

Je vous embrasse tous.

P. E.

CCXLIV^e LETTRE

—

A ARLÈS

Curson, 15 mai 1838.

J'ai remis à Jules, mon cher Arlès, les livres que M. Laperrière m'avait envoyés; faites-les lui remettre, je vous prie, avec mes remercîments.

Je recevrai avec plaisir Châteaubriand, Michel et G. Sand.

Vous ne m'avez pas dit si c'était M.... qui se lamentait sur les rentiers comme il se lamente sur les chemins de fer, mais comme c'est un triste métier, pour M...., de gémir toujours, je pense qu'il ne tardera pas à sécher ses larmes; elles commencent à être fastidieuses. Je crois qu'il aurait grand tort d'attendre, pour passer de Jérémie à Isaïe, que la Chambre des pairs ait sonné la charge sur celle des députés. Il y a parmi les pairs beaucoup de mâles qui ont eu de la vigueur autrefois, mais qui l'ont oublié ; ils ont besoin qu'on le leur rappelle, et que le cheval de trompette marche devant eux dans la mêlée ; et d'ailleurs, je le répète, on ne mène pas les hommes en pleurant, du moins en *poli-tique*.

Les nouvelles que vous me donnez sur votre liquidation me font grand plaisir. Je compte toujours vous voir en juin, malgré les occupations de cette fin de liquidation. Macker, qui était ici hier avec toute sa famille, vous presse beaucoup; il veut aussi, comme moi, que vous ameniez votre femme et vos enfants chez lui pendant votre course à Grenoble et que vous reveniez les prendre.

J'ai écrit comme je vous l'avais dit à Camille,

mais cela en est resté là. Vous ne m'avez rien dit sur ce sujet. Je ne vous engage pas, bien entendu, à perdre votre temps à étudier mon vieux projet de conversion.

Je suis sans nouvelles d'Égypte.

Adieu. — Embrassez pour moi femme et enfants.

P. E.

CCXLV^e LETTRE

—

A ARLÈS

Curson, 2 juillet 1838.

Puisque vous partez si vite, je veux vous dire un petit adieu. Votre bonne nouvelle sur la fin de votre liquidation à quinzaine m'a causé grande joie; j'en ai fait part à Macker, qui était hier ici, et qui s'en est réjoui de grand cœur avec moi.

Voici les *Débats* qui lancent aujourd'hui une ruade d'assez mauvais goût à Nicolas, parce qu'ils ont été piqués par les mouches de la *Gazette* et de la *Quotidienne*, il paraît que M..... n'a pas encore enfoncé S. M. Girardin sur les affaires étrangères.

Quoi qu'on en dise, le choix de Soult pour Londres est une grosse brioche; j'aurais mieux aimé un bel eunuque comme M. de F....., que ce vieux coq parlant gaulois et non français; c'est un soufflet aux torys qui nous retombera sur le nez, parce que ce n'est pas *nous* qui l'avons *voulu* donner. C'est une politesse de ministère à ministère, ce qui est presque aussi bête que le serait une politesse de Molé à Guizot et même de Guizot à Thiers. L'alliance anglaise n'est quelque chose que pour mener à l'alliance du Nord, et non pour lui faire opposition.

Adieu, bon voyage, et compliments à vos deux *braves* compagnons de voyage.

Je vous embrasse tous.

P. E.

CCXLVIᵉ LETTRE

—

A D***

Sans date.

A la bonne heure, mon cher ami! voilà une bonne et longue lettre; elle me prouve la vérité de ce que vous me dites sur la tranquillité actuelle de votre esprit et sur vos bonnes dispositions pour le travail. Je vous en félicite et je m'en réjouis, car il me tardait de vous savoir en position de rentrer dans le giron de l'église ; recevez l'accolade fraternelle et *priez* maintenant avec nous; votre voix, comme les nôtres, montera vers le ciel.

Je vous enverrai les cahiers du catéchisme que vous me demandez ; vous avez raison de vouloir mettre Comte dans les mains de M. Prunelle; mais je vous adresserai également les autres cahiers; ceux-ci doivent être lus quand on a déjà compris quelques-unes des idées les plus importantes de la doctrine : comme je me rappelle qu'ils ont excité mes dédains, je conçois qu'ils provoquent le sourire et qu'ils ne soient pas parfaitement compris, mais je sais maintenant qu'ils renferment bien plus d'idées que le travail de Comte. Celui-ci est une belle et vigoureuse démonstration *d'une seule idée*, la nécessité de faire passer la science de l'homme à l'état positif, c'est une simple discussion de méthode; les autres renferment les plus hautes applications de cette idée. Un homme comme M. Prunelle vieillit peu; il a cinquante ans et son bagage philosophique est préparé depuis longtemps, je le sais; mais c'est précisément parce qu'il a bien su charger ses robustes épaules qu'il peut encore se livrer, comme un jeune homme, au travail consciencieux qu'exige l'examen d'une doctrine nouvelle : je suis fâché cependant qu'il ait connu Saint-Simon, parce qu'il est difficile qu'il ne croie pas l'avoir jugé, comme disent les avocats, *contradictoirement;* alors un appel est bien délicat. Cependant faites moi le plaisir de lui dire que je le prie de se demander à lui-même s'il pense qu'il existe un seul ouvrage où l'on ait examiné les phénomenes que présente l'existence continue de l'espèce humaine, comme on étudie ceux de la chimie ou de l'astronomie, et s'il connaît des lois générales déduites de cet examen. Si, comme je le pense, M. Prunelle, qui a fait comme Rodrigues, Comte, Buchez, moi et quelques autres disciples de l'école, son occupation particulière de l'étude des sciences positives, s'arrête à cette idée, je ne doute pas qu'il ne reconnaisse que jusqu'à présent les faits humains n'ont pas été classés par séries de phénomènes de même nature, enchaînés comme causes et effets, et pouvant donner lieu à l'appréciation des lois suivant lesquelles ils sont enchaînés. Maintenant qu'il suppose un homme ayant découvert ces lois, que cet homme lui parle de l'avenir de l'humanité déterminé par ces lois, il est évident que cet homme lui paraîtra un rêveur, comme un astronome annonçant une éclipse le paraîtrait à un homme qui ignorerait que l'on peut *calculer* la marche des astres. Il n'y a que deux manières de croire que ce prophète n'est pas un charlatan : l'une, d'attendre la vérification de la prophétie, c'est ce que fait le vulgaire; l'autre, d'apprendre l'astronomie. La science nouvelle est aussi difficile à étudier, même pour les savants de nos jours, que l'est l'astronomie pour un homme qui sait le calcul différentiel et la statique; elle nous a coûté quelques années d'un rude travail, et cependant l'École polytechnique nous a bien un peu habitués au travail, nous y avons puisé l'habitude d'enchaîner des idées : aussi, nous avons ri, plaisanté lorsque les premiers rayons de lumière ont frappé nos yeux. Prédire d'une manière certaine l'avenir de l'humanité, quelle folie ! Lagrange et Laplace ne s'en sont jamais occupé et cependant ils aiment à prédire ; s'ils avaient cru que c'était possible, ils l'auraient fait, car ils auraient mieux aimé révéler aux hommes leur avenir que celui de la lune ou d'une comète. Les prophètes du passé puisaient leurs révélations dans leur imagination, ils annonçaient *leurs désirs;* mais aujourd'hui il faut autre chose que des désirs pour voir ce qui arrivera : il faut savoir calculer l'effet de certaines causes que nous ignorons, mais dont nous pouvons étudier cependant l'influence constante, comme celle de l'attraction, par exemple.

Je vous le disais dans ma dernière lettre, mon cher ami, l'importance que je mets à provoquer l'examen de M. Prunelle doit lui montrer que nous avons su apprécier la portée de son intelligence et que nous avons lu avec fruit, avec plaisir ce que nous connaissons de lui. Qu'il nous permette de réclamer de lui la même atten-

tion et un peu de dévouement scientifique. Je
pense que vous lui communiquerez mes lettres et
j'espère qu'elles le détermineront à oublier pour
quelques temps les plaisanteries qu'il a pu faire
sur Saint-Simon, et les préjugés qu'ont pu faire
naître dans son esprit des idées neuves, auxquelles leur nouveauté donne toujours l'air de
rêveries.

Je passe maintenant aux observations que
vous me faites sur quelques points de doctrine.
Je vous félicitais tout à l'heure sur la tranquillité
d'esprit que vous avez trouvée à Lyon; j'avais
tort sur un point, le voici : il semble, d'après ce
que vous me dites, que nous sommes comme les
faiseurs de chartes, que nous avons en poche
un in-32 auquel les hommes du xixme siècle et
même de 1830 doivent jurer demain obéissance;
il ne s'agit pas de cela.

Quand vous me demandez notre résumé vous
me faites l'effet d'un Espagnol qui demande une
constitution. Songez donc que le *résumé* chrétien
a exigé plusieurs siècles et que cependant le
christianisme s'avançait dans les esprits supérieurs avant de formuler des croyances. Il fait
amener les esprits au .point où ils doivent être
pour adopter les croyances. Mais vous tirez une

fausse conséquence de l'état actuel des intelli-
gences; de ce que vous n'apercevez de l'affection
pour rien si ce n'est pour l'argent, il ne faut pas
conclure qu'il ne faut parler aux hommes que
d'argent. Ce vide moral est une souffrance ; on
n'aime pas, on ne se dévoue pas, cela est vrai,
on est indifférent pour tout; mais songez donc
que dire tout cela comme vous le dites, c'est
déjà faire une prédication morale, car c'est faire
sentir aux hommes leur misère sentimentale. M.
de Lamennais, dont vous me parlez, a fait un livre
qui, sous ce rapport, est presque un ouvrage
saint-simonien ; nous ne demandons pas aux
artistes de nos jours autre chose : au lieu de se
complaire dans l'anéantissement moral où nous
sommes plongés, qu'ils fassent ce que vous faites,
qu'ils nous montrent Arlès et Camille se ca-
chant, parce qu'ils sortent de la mine d'or pour
entrer dans celle de l'intelligence ; qu'ils fassent
rougir l'humanité de son engourdissement ou
plutôt de son activité brutale. Et vous nous dites
qu'il faut parler aux hommes de leur intérêt,
qu'il faut leur montrer la Grèce affranchie comme
une halle nouvelle où se précipitent nos avides
marchands, prêchez cette croisade à Lyon, mais
prenez garde qu'un nouveau Christ n'apparaisse

et que son fouet vengeur ne vous chasse du temple pour vous rappeler que vous avez des frères et non des instruments d'industrie en Orient. Non, mon cher ami, il ne faut pas plus parler des intérêts matériels que de ceux de la science et des beaux arts ; il faut faire naître chez les savants et chez les artistes qui sont aujourd'hui presque tous des marchands d'orviétan, et chez les industriels qui croient pouvoir tout acheter parce que tout se vend, le sentiment du dégoût qu'inspire la société quand elle est privée d'unité morale ; d'autres viendront (et c'est le sort *du producteur* qui toujours doit être en avant des esprits) qui feront plus que de montrer cet enfer, ils ouvriront la voûte céleste. On se moquera d'eux, dites-vous, oui on s'en moquera, c'est le martyre de nos jours ; et où avez-vous vu qu'une doctrine nouvelle pût se passer du martyre ? On s'en moquera comme l'on s'est moqué des efforts des premiers chrétiens.

A vous entendre, mon cher ami, il semblerait que les apôtres d'une doctrine régénératrice doivent s'arranger de manière à ne blesser personne et que c'est le meilleur moyen de persuader ; qu'il faut prendre la société par ses intérêts parce que ses intérêts l'absorbent, qu'il faut lui montrer, parce qu'on gagne de l'argent à travailler, qu'on fait bien de travailler ; mais vous oubliez qu'on gagne de l'argent aujourd'hui sans travailler ; que bien des gens ont de bonnes raisons à vous donner pour vous prouver qu'il leur serait impossible de regarder le travail comme le *souverain bien*. Comment avec vos belles paroles, empêcherez-vous que l'homme qui quitte sa navette pour *enseigner gratuitement* l'économie politique ne passe pas pour un fou qui ne mérite plus de crédit ? Vos efforts seraient vains, car toutes les probabilités seraient contre vous : moi-même je ne prêterais plus d'argent à cet homme, je lui en donnerais si je le pouvais ; mais je me garderais bien d'espérer qu'il put le faire fructifier dans sa fabrique, il y aurait au moins mille à parier contre un que je me tromperais. Ne faites pas les industriels plus bêtes, plus mauvais logiciens qu'ils ne sont ; ils savent qu'un homme qui aime ses idées plus que son argent, ne fera pas fortune dans le siècle où nous sommes, et ils agissent en conséquence.

Vous pensez bien que je suis loin de blâmer les efforts des hommes qui cherchent à montrer aux industriels qu'ils doivent s'arranger pour produire tous les jours davantage ; je veux seulement vous faire sentir qu'en se plaçant uniquement au point de vue industriel, on ne va pas loin. Comment, par exemple, faire sentir, comme vous le dites, que le travail est *un devoir?* C'est un devoir pour celui qui n'a rien peut-être ; un devoir imposé, comme disent bien des gens, par le besoin de la conservation ; mais pour celui qui possède? Comment a-t-on fait sentir qu'il n'était pas *juste* qu'un homme fût l'esclave d'un autre homme? croyez-vous que ce soit uniquement en disant aux maîtres que le serf payerait une capitation plus forte et qu'enfin le fermage leur donnerait plus de jouissances que la capitation? Non, le christianisme a renouvelé les idées et les sentiments, il a donné aux intérêts une base humaine, il les a établis non-seulement sur les besoins matériels, mais sur les sympathies de l'homme pour ses semblables. Alors l'intérêt et le devoir se sont trouvés unis dans l'obeissance à la loi de Dieu.

L'état d'indifférence où nous sommes en général nous porte, dites-vous, à *croire* à une intelligence suprême qui a créé l'univers et qui n'a pas voulu être révélée autrement que par la *conscience;* dès qu'on veut arriver à un culte, ce culte, l'ouvrage de l'*imagination* de l'homme, est petit et ridicule comme son auteur. Vous mettez ces paroles dans la bouche du public et vous ajoutez que vous entrevoyez le moyen d'y répondre. Je le conçois ; et d'abord, qu'est ce que cette permission que l'on donne à la *conscience* de révéler un Dieu, et cette défense à *l'imagination* de concevoir un culte ? Pourquoi la conscience ne révèlerait-elle pas un culte ? si elle révèle Dieu, elle révèle sa volonté ; or, le culte, n'est-ce pas se conformer à la volonté de Dieu ? qu'un homme nous révèle la volonté de Dieu, et le culte aura bientôt son temple et ses cérémonies. Eh bien, la volonté de Dieu, c'est la loi du développement à laquelle est soumise l'espèce humaine : toute découverte scientifique, tout perfectionnement industriel, tout acte de dévoûment, est une offrande à Dieu; voilà le culte qu'il réclame de l'avenir : c'est en chantant la puissance de l'homme qu'on célébrera ses louanges ; car l'homme, si petit, si ridicule, que les déistes de nos jours regardent en pitié, l'homme est le plus grand phénomène de la création, puisqu'il peut s'élever à la connaissance de la volonté du Créateur.

Je reviens à vous, mon cher ami; vous êtes embarrassé, aujourd'hui comme autrefois, des questions de temps et de moyens. Quand cela pourra-t-il se faire, comment cela se fera-t-il ? Voilà toujours ce qui vous arrête dans vos meilleures dispositions philosophiques. Je dis *philosophiques*, parce qu'il vous est arrivé quelque fois ailleurs de ne pas vous arrêter assez, ni sur le temps, ni sur les moyens. Serait-ce parce que vous avez su par expérience que le temps et les moyens sont choses importantes à connaître ? Vous auriez raison d'en tenir compte ; ainsi, par exemple, M. de Maistre, M. de Lamennais ont tout à fait perdu de vue le temps où ils vivent et les moyens d'action qu'ils ont en leur puissance, et il serait mal de faire comme eux ; mais dans l'œuvre philosophique que nous entreprenons, avant même d'examiner quand et comment arrivera sa réalisation, il faudrait être bien sûr du but à atteindre, et cela non-seulement dans la sphère industrielle, mais sous le rapport de l'organisation spirituelle ; car comment sauriez-vous, par exemple, si ce n'est pas avec des moyens tout à fait du domaine du sentiment, que vous pouvez faire sortir les industriels de la route où ils sont engagés jusqu'à l'essieu, et comment avoir une idée de ces moyens sentimentaux adaptés à l'avenir, si vous ne vous faites pas

une idée des sentiments qui doivent un jour réveiller des sympathies endormies aujourd'hui?
La doctrine est à son état de propagation, d'élaboration, elle n'est pas encore prête à l'appli-
cation politique. Organiser des points de réunion
où on l'étudie, où on la discute, voilà, puisque
vous vous occupez du temps et des moyens, ce
qu'il faut faire aujourd'hui : la tâche est assez
belle, ne gémissons pas, ne brûlons pas d'impatience, nos efforts ne sont pas vains, notre gloire
ne sera pas obscurcie par celle de nos successeurs, car eux-mêmes rapporteront à nous toutes
les bénédictions dont l'humanité les entourera :
le grand nom de saint Augustin n'est qu'un
piédestal pour ceux de saint Paul et de saint
Ambroise.

Modérez donc votre ardeur, elle ne pourrait
que vous jeter dans un découragement qui est
puéril lorsqu'on est en présence des siècles.

Adieu, mon cher D***, mille amitiés pour vous
et pour Camille, Drut et Arlès.

P. E

CCXLVII⁰ LETTRE

A ARLÈS

Paris, 17 novembre 1838,

Mon cher Arlès, je ne suis ni électeur, ni juré, ni garde national, je ne paye aucune contribution et je n'ai même (ne me dénoncez pas) jamais tiré à la conscription. Je suis donc encore tout-à-fait hors du monde. Si demain j'étais nommé à la commission d'Afrique, et si de plus j'acceptais, je serais en mesure de vous donner une opinion, sinon motivée, au moins instructive et inspirée par ma nouvelle position, sur la question que vous me faites ; mais dans l'état d'ermite où je me trouve il m'est impossible de me mettre assez dans les nécessités de la vie *civile*, pour avoir foi dans une opinion quelconque touchant *votre* conduite civile. Il y a plus : c'est que je sens la nécessité d'écouter et de voir très-passivement les idées et les actes inspirés à ceux que j'aime, par leur situation dans le monde en dehors de mon influence, pour que cet examen contribue à m'aider dans les pas que j'aurai à y faire. Au reste, pour parler plus sérieusement, c'est une question qui défend la plaisanterie, puisqu'elle est de vie ou de mort. Je vous renvoie plutôt la question, puisque vous êtes appelé, plutôt que moi, à la traiter pratiquement, et je vous le répète, je tiens à savoir comment, vous surtout parmi tous ceux qui savent et désirent l'avenir, la résoudrez. Il s'agit et du serment, et de la peine de mort ; je ne connais guère d'aussi ou de plus grandes question. Je conçois tout votre embarras devant elles, mais je croirais faire mal, pour vous comme pour moi, de me mêler à votre propre inspiration (dans ce moment) sur pareilles matières.

Je suis très-content de ce que vous me dites de votre commission industrielle ; je la regarde comme plus qu'une tentative. Il est impossible que cela n'ait pas une suite prochaine ; le besoin talonne, sous ce rapport, très-vivement. Les quatre hommes que vous me nommez sont bien choisis, mais quand ils auront fait un premier travail il faudra adjoindre à cette commission quelques praticiens, chefs de fabrique et pères de famille, *pas trop riches*, et aussi quelques *richards* sensibles à la gloire d'attacher leur nom à pareille chose. Ces derniers seront ce qui fera mousser et en définitive ce qui aidera le plus à donner vie au travail théorique de la première commission révisé par la seconde ; mais pour Dieu que cela n'aille pas aux chambres de commerce ou des manufactures, avant d'être complétement élaboré et rédigé ; cela s'y noierait.

M....., dites-vous, a besoin de faire autre chose que du journalisme ; vous ne croyez pas cependant qu'il doive abandonner la presse ? Il ne la quittera qu'après lui avoir tordu le cou ; il faut qu'il fasse à sa mère nouricière ce petit plaisir ; c'est là un point capital de sa mission dans cette vie ; soit comme conseiller d'État, soit comme député, soit dans toute autre position, il tirera toujours la ficelle, jusqu'à ce que la vieille radoteuse soit *ad patres*.

La politique scientifique-industrielle de Saint-Simon n'a encore qu'un pied dans le journalisme, il lui faut les deux. Les *légistes* et les *sabreurs*, que Saint-Simon voulait chasser du temple, y sont encore en très-grand nombre. Le système *pacifique* y compte encore beaucoup d'adhérents qui ne sont que de simples peureux, ou de gras oisifs, mais non des travailleurs d'autant plus *nationaux* qu'ils sont *cosmopolites*.

Voici l'Espagne qui va remuer beaucoup notre politique cette année ; elle marche joliment vers l'échafaud et la Terreur, et il me paraît que le système Thiers serait le seul qui pût empêcher la reine et sa fille de finir comme Marie-Antoinette et le Dauphin. Est-ce que Dieu voudrait encore un aussi sanglant sacrifice purement féminin ? est-ce que c'est ainsi qu'il veut réveiller ses femmes ? Je ne sais, mais cette année est certainement le 1792 de l'Espagne ; gare à l'année prochaine ! M. Molé doit être dans ses petits souliers.

Adieu, cher ami ; écrivez moi après votre visite à Arboras, et tâchez de me dire (si vous le pouvez, car c'est très-difficile) quelque chose de positif sur la situation de D*** qui est toujours dans l'*Avenir*, et dont je voudrais bien voir les éternelles illusions prendre corps, chair et os.

Je vous embrasse ainsi que la brave femme et les moutards.

P. E.

P. S. Charles Duveyrier renvoie sa visite en

février ou mars ; il est très occupé en ce moment
à quatre théâtres. Faites votre voyage à cette
époque ; nous passerons quelques bonnes heures
à nous trois.

CCXLVIII⁰ LETTRE

—

A ARLÈS

Sans date.

Je commençais à avoir besoin d'une lettre de
vous, mon cher Arlès, j'étais inquiet de vos
enfants.

Je suis bien aise de votre renseignement sur
le jury ; sa bénignité est une très-heureuse disposition *de transition*, car en elle-même, et
pour qui n'est pas ce que vous êtes, elle est
assez niaise. Aussi les circonstances atténuantes
commenceront-elles à faire la désolation des
grands partisans de ce qu'on appelle l'ordre
aujourd'hui, parce que, en effet, elles protestent
contre ledit ordre, et affirment qu'il est un peu
désordonné. Je ne sais qui a fait les articles des

Débats sur les prisons, mais il y a là (ainsi que dans la leçon de Charles Dupin qui a daubé sur les saint-simoniens) des détails curieux sur *l'ordre* actuel.

J'ai reçu le roman de Barrault qui s'était proposé un problème insoluble dans le cadre qu'il prenait ; aussi n'est-ce pas bon, quoique je pense qu'il puisse résulter du bien de cette faible composition. Barrault n'est pas comme M..... et comme Charles qui sont dans leur élément, sur le théâtre politique et dramatique ; il est comme quelques autres saint-simoniens et comme moi, il cherche et attend, ce qui est une tâche et un travail tout aussi positif que d'autres et aussi fatigant.

Adieu, je vous embrasse.

P. E.

CCXLIX^e LETTRE

A ARLÈS

Curson, 11 janvier 1839.

Je vous envoie, mon cher Arlès, le billet dégoûté de M.... ; je vois par quelques-uns de
ses articles la trace de son dégoût et son peu
d'estime pour ce que les politiques actuels
nomment la politique. Il me paraît exagérer un
peu la chose. Certes c'est un grand fait politique
que la navigation à vapeur unissant Bordeaux à
New-York, mais c'en serait un au moins aussi
grand qu'un 18 brumaire ou un 29 juillet, et
M. Thiers me paraît par conséquent s'occuper du
moins autant que M. Wustemberg de politique.
Seulement je conçois qu'il soit plus facile à M...
de donner son opinion sur la navigation à vapeur
que sur ce qu'on doit faire à Paris pour que la
chaudière représentative n'éclate pas, ou pour la
remplacer par une marmite industrielle plus per-
fectionnée. Sa position aux *débats* le place dans
un foyer trop habitué à être chauffé (en politi-

que) par le bois qu'on y jette. On ne peut rien faire de provoquant, on a trop le besoin et l'usage de s'y ménager des plongeons après coup, et si l'on sait y dire : *Malheureuse France ! malheureux roi !* on ne saura pas y trouver : *Heureuse France ! en avant !*

Les voilà qui gémissent, et M... gémit comme eux, parce qu'il fait trop corps avec eux. Je crois que s'il mettait sa tête dans ses mains un seul jour comme saint Denis, et s'il se figurait un seul instant qu'il est bien ce qu'il a dit être : un disciple de Saint-Simon et aussi quelque autre chose , il verrait d'un œil beaucoup plus calme et plus juste la crise actuelle,

Les gouvernants sont nés jusqu'ici dans les journaux et dans les tribunaux. M..... croit à la fin du règne des avocats; je crois qu'il ferait bien de songer à la fin du règne des journalistes, car les avocats dans les Chambres ne sont pas plus pourris que les écrivains de la presse périodique, et si M.... croit bien de contribuer à l'enterrement des uns, il ne ferait pas mal de s'occuper à ensevelir les autres. Je vous ai dit déjà que Saint-Marc Girardin, qui en aurait grande envie, n'y parviendrait pas, par une foule de raisons dont une suffit, c'est qu'il est journaliste lui-même ; ce n'en est pas moins un ouvrier très-utile pour cette tâche.

La navigation à vapeur d'Amérique ne sera un fait politique (à l'époque actuelle) que si c'est le prince de Joinville qui l'établit, *ainsi que je l'ai déjà* écrit dans une lettre que vous connaissez ; les chemins de fer ne seront un fait politique (toujours dans la complète et véritable acception du mot, et pour l'année 1839) que si c'est le duc d'Orléans qui fait le premier et le duc de Nemours le second. Sans cela Constantine et le Mexique seraient des faits beaucoup plus politiques, ce qui ne doit *plus* être. Enfin l'éducation industrielle de Martin du Nord ne sera un fait politique que si les ducs d'Aumale et de Montpensier sont les premiers inscrits pour la recevoir et si MM. les ministres s'honorent d'y faire passer leurs *aînés*. Sans tout cela, le droit et la littérature, les armes ou l'oisiveté continueront à absorber toute la séve de la génération naissante, et nous aurons toujours pour gouvernants des avocats, des journalistes, des militaires et des oisifs, dont Dieu nous garde !

J'espère, dans deux mois vous voir à Lyon, où j'irai au-devant du bon général Edem-Bey, revenant d'Angleterre et retournant en Egypte, prendre sa place de ministre de l'instruction publique. Je désire que vous lui fassiez les honneurs de votre belle industrie et de votre ville, et nous lui montrerons ensemble Lamartinière. C'est un homme que vous aimerez et qui a un grand avenir.

Adieu, cher ami, j'embrasse toute la famille.

P. E.

CCL^e LETTRE

A ARLÈS

Curson, 5 septembre 1839.

Il me semble, mon cher Arlès, que vous devez être de retour ou bien près d'arriver; vous savez donc la grande nouvelle qui me concerne? J'espère bien que nous en causerons, et que ce nouveau motif vous fera réaliser cette année le projet toujours renvoyé du voyage à Cette. Mes trois années se seront passées comme je l'avais prévu, dans la solitude de Curson; aujourd'hui voici le premier pas dans le monde, et j'y suis préparé. Je sais encore que dans ma solitude j'aurais besoin d'avoir, malgré la distance, ma main dans la vôtre; dès à présent nous devons songer à *faire notre chemin*, d'une manière toute nouvelle; autant nous avons déplu et repoussé, autant il nous faut plaire; nous avons déplu en signalant au monde ses vices et leur remède, il nous faut montrer que nous connaissons ses vertus et leur valeur génératrice; c'est à coups de science que je l'ai d'abord battu, et c'est à coups de science qu'il veut que je lui sois d'abord utile. Il me faudra avoir connu un peu mes collègues et visité mes supérieurs d'Alger, pour voir plus clairement devant moi, mais j'ai grande foi et je suis tranquille; mon habituelle confiance dans l'avenir, loin de me quitter, augmente.

Pour mes préparatifs de voyage j'ai quelques commissions que je veux vous charger de faire.....

J'ai une lettre de Lambert, du 31 juillet, de retour depuis quinze jours d'un voyage très-pénible de neuf mois. Les santés sont bonnes. Il me donne quelques détails intéressants sur les affaires. Je leur ai écrit pour leur annoncer la grande nouvelle.

Adieu, à revoir bientôt j'espère, mais prévenez-moi quelques jours d'avance, parce que je dois passer une huitaine à Montélimar avant les vendanges.

Je vous embrasse tous.

P. E.

CCLIᵉ LETTRE

A ARLÈS

Curson, 29 septembre 1838.

Mon cher Arlès, mercredi ou jeudi la diligence de Romans conduira à Lyon Alphonse Nugues retournant seul à sa pension de Paris. Son père a écrit à Auguste Bontoux de lui retenir une place à la diligence de l'un de ces deux jours, et comme il aura quelques heures à passer à Lyon, je voudrais bien qu'il fît connaissance avec le clampin. Alphonse est un bon garçon,

d'excellent caractère, que je recommande à
Gustave. Je lui donnerai un mot pour vous et il
aura d'ailleurs un paquet à vous remettre pour
Flory (un pantalon *piqué des vers*).

J'ai laissé chez Macker hier les 300 francs ; il
était à Saint-Georges faisant ses vendanges. On
ne fera celles de Tain que la semaine prochaine
et les nôtres seront terminées demain.

J'ai reçu d'Aglaé des notes excellentes sur vos
enfants dont elle a été enchantée, mais il y
a quelqu'un de votre famille qui lui a plu encore
davantage, et quoiqu'elle vous aime beaucoup,
ce quelqu'un n'est pas vous. J'espère bien que
les fatigues de cette personne vont disparaître
avec quelques jours de repos ; c'est en effet
rude à porter, pendant six cents lieues, trois
moutards.

J'ai vu que le Conseiller d'État était biffé de
la liste, ce qui ne doit pas lui paraître charmant ; mais cette rénovation du Conseil me paraît, comme la Commission scientifique, une
occasion de donner quelques places à des solli-
citations de pairs ou députés ou amis quelcor-
ques. Il paraît, quant à la Commission d'Alge',
que les académies sont si peu contentes de sa
composition et se trouvent si mal représentés

par elle, qu'elles ont déjà envoyé, l'une Blanqui, l'autre Hase et Mirbel; c'est un pénible soufflet que nous recevons là, mais il y en aura bien d'autres.

Je ne conçois pas que M..... ne sente pas que les *Débats* et ses lecteurs ont pris dans son sac tout ce qu'on pouvait y prendre : évidemment *le pouvoir* et les épiciers qui l'ont établi et soutenu jusqu'ici sont aussi saint-simoniens qu'ils peuvent l'être, tant que les estaminets, cafés, billards, d'une part, et de l'autre la robe et l'épée, n'auront pas fait un pas. Les *Débats* ne sont pas le journal du palais, des casernes, des ateliers, du cabaret, ils n'ont rien de *populaire*, et le peuple ne peut pas marcher tant qu'on ne donnera de la force qu'à l'honnête compagnie bourgeoise qui lit les *Débats*. Est-il possible de rendre les *Débats* populaires? Ce devrait être là maintenant toute la question pour M...... Je sais bien qu'il est, lui, d'une nature fortement aristocratique, et qu'il doit lui coûter d'ôter ses gants beurre frais, il les aime presque autant que Lherminier aimait les siens, mais M..... est un autre homme que Lherminier. Faire de l'opposition comme les *Débats* en font aujourd'hui, c'est un pauvre rôle, parce que tout le monde sent fort bien qu'il leur serait aussi facile d'appuyer le ministère du 12 mai, comme ils appuyèrent le ministère précédent. Si, pendant le ministère Molé, Carlos avait été chassé d'Espagne, les *Débats* en auraient reporté tout l'honneur au susdit monsieur Molé. Si alors la France avait eu dans la Méditerranée une escadre comme celle qui y est, les *Débats* auraient célébré la vigueur, l'énergie, la grandeur de ce petit ministère. Enfin même si monsieur Molé avait envoyé la Commission scientifique, les *Débats* auraient presque fait l'éloge du père Enfantin.

Louis Nugues me fait dire à l'instant que son fils partira mardi de Romans et arrivera mercredi matin à Lyon ; je crois que c'est vers sept à huit heures que la diligence de Romans arrive quai de Retz. Si vous pouviez recevoir notre jeune moutard, j'en serais fort aise.

Vous ne m'avez pas dit quelle odeur avait la politique à votre passage à Paris ; je pense que c'est parce que cela pue toujours fort. Il me semble que nos grands politiques des dernières années, Thiers, Guizot, Barrot, Molé, et les aides-de-camp de chacun de ces maîtres, doivent se ron-

ger les ongles à la sourdine et ruminer quelque
coup de Jarnac. Le ministère Soult-Passy agit
comme s'il ne craignait rien, et surtout comme
s'il n'était nullement question, ainsi qu'on le
croyait à sa naissance, d'un remaniement : il
vient de se donner Persil et de chasser Roussin,
ce sont deux actes très-vigoureux, mais peut-
être plus vigoureux qu'habiles ; le Persil est
assez acre, mais le Roussin donne des ruades
solides, et il doit revenir en France oreilles dres-
sées et nez au vent. C'est un bon auxiliaire qu'ils
ont adressé à Thiers, il en profitera. On me dit
que la Prusse annonce déjà que nous sommes
faits au même par l'Angleterre et par la Russie ;
ce qui est plus que probable, si l'on entend par
là qu'en définitive ce sera la Russie qui dominera le Sultan, et l'Angleterre qui dominera
Méhémet-Ali, et je crois bien qu'en effet cela
aura lieu sans que le gouvernement français le
désire et même contre tout ce qu'il voudra faire
pour l'empêcher ; cela aura lieu parce que cela
ne peut être autrement, et la politique française
ne sera vraiment dans sa voie que lorsqu'elle
voudra cela ; et alors elle sera forte, car la force
sera un jour à celui qui VOUDRA ce qui *devra*
être et non à celui qui VOUDRA ce qui ne *peut* pas

être, mais nos hommes d'Etat n'en sont pas encore là.

Je bavarde bien ce soir ; c'est qu'il y a très-longtemps que je n'ai causé avec vous. Vous ne m'avez pas dit si vous alliez à Cette, et vous me demandez d'aller à Lyon : je n'irai pas, monsieur, afin que vous veniez voir votre mère, cette année.

Que va faire Holstein ? — et où en est D*** ? Voilà une dixaine d'années bientôt que je vous le demande, et vous ne me répondez jamais clairement.

Adieu, cher ami, je vous embrasse tous.

P. E.

CCLII^E LETTRE

—

A ARLÈS

Romans, 6 octobre 1836.

Je vous écrivais il n'y a qu'un instant, cher ami, et j'apprends que Saint-Cyr a versé près de Saint-Etienne, il a un bras démis et sa sœur un bras cassé. Je pars de Romans où je suis venu chercher le docteur, pour aller vers eux, dans une petite auberge, à une heure en-deçà de la République. Le neveu et le domestique ne se sont rien fait. Je mène, outre le docteur, la grosse Lise à sa pauvre Thérèse, et je resterai probablement là assez longtemps, jusqu'à ce qu'on puisse les ramener dans une ville voisine; je vous écriai de là. — C'est triste.

P. E.

CCLIII^e LETTRE

—

A ARLÈS

Le Grand-Bois, 28 octobre 1839.

Je crois, cher Arlès, que si nous voulons nous dire adieu, ce sera ici, car même dans le cas le plus favorable, je ne crois pas que nous puissions en partir avant la fin de la semaine prochaine, et c'est pourtant le 15 ou le 16 au plus tard que je devrais partir pour Toulon, à moins

que les santés de tous ne m'empêchent décidément
d'être membre de la commission d'Afrique. Saint-
Cyr est bien et en voie de très-prompte guérison,
mais il n'en est pas encore de même de Thérèse
qui a été beaucoup plus abîmée que lui. Ce n'est
ni son bras cassé, ni même deux côtes probablement cassées (ce dont on n'a pas pu encore s'assurer positivement) qui inquiètent le plus, ce
sont les organes intérieurs, et particulièrement
les poumons qui ont souffert beaucoup de la
commotion générale. Ce ne sera que dans quelques jours qu'on pourra juger. J'ai été content
du médecin, M. Thomas, de Saint-Étienne, et de
son aide, M. Valencogne, jeune médecin, également de Saint-Étienne ; ce dernier est à peu
près à poste fixe ici.

Nugues va partir pour Paris ; nous sommes
pressés de donner, par lui, à Camille, des nouvelles d'ici, et d'avoir par lui des nouvelles de
Camille, à qui d'ailleurs il donnera des soins au
moins pendant quelques jours qu'il aura de
libres avant son entrée à l'Ecole de Saint-Cyr.

Je disais à Aglaé que toutes les phases de ma
vie, qui ont toutes été assez rudes pour moi dans
la partie politique de mon être, ont eu leur contre-coup dans l'autre part de ma vie qui est à la

famille, contre-coup bien douloureux. Aujourd'hui il en est encore ainsi. J'ai eu deux familles, celle du sang et celle d'adoption, l'une aussi chère que l'autre ; la première m'a quitté, et la seconde, au moment où je vais me séparer d'elle, se sent frappée dans presque tous ses membres. J'ai eu tous ces jours-ci les yeux chargés et le front lourd de larmes ; cette belle et grande forêt où nous sommes, cette maison isolée et à peine meublée, ce ciel froid et sombre, les arbres chargés de givre, et l'Afrique au loin, tout cela concourait à rendre les plaintes et les souffrances de nos blessés plus déchirantes pour moi, et c'est à vous, cher ami, que j'aime à le dire, car il me faut dire ma douleur comme mes joies et mes espérances ; je ne sais et ne peux pas les garder pour moi seul.

Si vous voulez venir nous voir, nous sommes à deux heures de Saint-Etienne, à l'auberge du *Grand-Bois*, entre la République et le Bourg Argental.

Adieu. Je vous écris au milieu de la nuit ; je les passe près des deux malades, et je m'arrange pour dormir dans la journée.

Je vous embrasse.

P. E.

Si vous ne venez pas, écrivez-moi à l'adresse suivante : A M. Thomas, médecin, à Saint-Etienne, pour M. le général Saint-Cyr Nugues (P. E.).

Je ne vous dis rien pour Nugues, parce qu'il prendra la malle-poste, s'il y a place ; s'il n'en trouve pas, il arrivera encore à Lyon peu de temps après ma lettre. Ce qui fait qu'il n'y a pas utilité à retenir une place.

CCLIV^e LETTRE

A ARLÈS

Le Grand-Bois, 6 novembre 1839.

Mon cher ami, votre lettre a fait merveille, mais ce n'est pas par le côté que vous pensez. Saint-Cyr l'a reçue, j'étais sorti, et sans faire attention au P. E. dont je ne lui avais pas d'ailleurs donné une explication préalable, il l'a lue d'un bout à l'autre, n'y comprenant rien d'abord, la prenant pour une lettre anonyme écrite par

un confrère jaloux de Thomas, ou même par
notre jeune médecin, qui ne partage pas les principes débilitants du susdit docteur Thomas. Or,
Saint-Cyr est horriblement las des lavements,
sangsues, bouillons clairs de poulet et aux her-
bes; les limonades, orangeades, sirops, eau
sucrée, infusion iraient droit dans son pot de
chambre si on lui en présentait. Il a donc trouvé
vos raisonnements, vos principes, votre théorie
de très-bon goût, et digne d'un esprit excellent,
puisque c'était juste sa manière de voir. Vous
aviez d'ailleurs assaisonné tout cela, à la fin de
votre lettre, par une phrase sur l'intérêt qu'il
inspire, qui lui est entrée jusqu'au fond du
cœur. Est-ce parce que ce pli renfermait vos globules, ou bien par l'explication que je viens de
vous donner, que son teint s'est éclairci, que son
humeur très-sombre, depuis deux jours, s'est
déridée, qu'il a juré de désobéir dès demain, si
dès demain notre Broussais de Saint-Etienne ne
lui laisse pas la bride sur l'estomac, enfin qu'il
a pris son petit repas du soir d'un air jovial et
gaillard qui le lui fera certainement digérer et
qu'il a fixé à trois ou quatre jours, au plus, son
départ pour Curson ?

A vous à décider. — Ce qu'il y a de certain,

c'est que je l'ai trouvé sourd à tout essai que je l'engageais à faire des globules, et qu'il s'est borné à prendre en médicament vos vues physiologiques et non vos procédés thérapeutiques.

Vous m'avez également tiré une grosse épine du pied ; vous savez ce que je pense par expérience des débiliteurs, mais ma position vis-à-vis des deux médecins et des deux malades était délicate, et tout ce que j'avais pu faire jusqu'ici avait été de semer la discorde dans le camp *ennemi*, en forçant Valancogne à me confesser qu'il n'agirait pas comme son patron. Nous nous serions entendus pour donner à Saint-Cyr ou l'aider à développer en lui l'énergie salutaire qui doit l'arracher aux antiphlogistiques, que nous n'aurions pas mieux réussi ; mais vous en avez seul le mérite, et je vous le répète, votre lettre a fait merveille ; elle a produit de plus, j'en suis sûr, un effet qui m'est très-précieux : c'est qu'elle a élargi la place que vous occupiez dans la pensée de Saint-Cyr et qu'elle vous en assure une aussi dans son cœur.

J'ai écrit à Holstein de suspendre son voyage. Chaque jour voit naître ici un projet nouveau : tantôt Saint-Cyr veut aller à Paris, tantôt à Curson, et il envoie Louis à Paris ; tantôt encore il veut rester ici jusqu'à parfaite guérison de Thérèse ; enfin il n'est pas jusqu'à l'idée d'un voyage de moi à Paris qui n'ait été soulevée, et qui serait même très-possible si Louis Nugues ne pouvait absolument pas quitter promptement Romans, où il a une caisse publique, la caisse municipale. Peut-être ma lettre à H. arrivera-t-elle trop tard, car Aglaé me dit qu'il paraît pressé de venir. — Nous verrons quel sera le projet sur le tapis quand il sera à Lyon, mais je tiens peu à ce qu'il vienne là où je serai avec Saint-Cyr qui ne comprendra pas beaucoup ce voyage, et qui d'ailleurs comprend peu Holstein. Si donc Holstein vient de suite malgré ma lettre ou sans l'avoir reçue, écrivez-moi vite son arrivée, et nous nous arrangerons pour que nous puissions nous voir convenablement et agréablement, et même utilement pour lui, c'est à dire pour nous voir chez vous, car vous me semblez destiné à faire pour Holstein ce que vous avez fait si admirablement pour Drut, et à faire du baron un bourgeois malgré lui. Il y a bientôt deux ans qu'il s'est refusé à faire dans la porcelaine, et il s'est brûlé les doigts à la bougie ; la leçon, j'espère, aura profité, et le baron, qui a déjà fait un pas dans la bourgeoisie stéarique, aidera peut-être le Parisien à faire un pas vers la province.

Adieu, cher ami, je vous remercie bien pour Thérèse, pour Saint-Cyr et pour moi de votre bonne lettre, si pleine de sollicitude pour nous. Vous savez ce dont Thérèse vous a chargé pour votre femme et vos enfants, elle me charge de vous rappeler sa commission.

Moi, je vous embrasse tous bien tendrement.

P. E.

CCLV^e LETTRE

—

A ARLÈS

Curson, 11 décembre 1839.

Oui, voilà de *la bonne* ouvrage, et j'espère bien, demain ou après, recevoir de vous la nouvelle de la place, mais je ne serai pas à la *nopce*. Saint-Cyr m'écrit qu'on part, et que Bory a quitté Paris le 11 ; il me dit qu'il y aura départ de Toulon les 22 et 29, et je vois qu'il compte que je ne prendrai que le dernier. Il termine sa lettre ainsi : Je vais faire ma visite au duc d'O. à qui je tàcherai de dire un mot de moi, un mot de toi et un mot d'Arlès. Ce trio m'a paru très-bien ; je suis bien aise de savoir ici le résultat de sa visite.

Ceci m'a remis en pensée Alger, et comme évidemment ce sera le grand fait *politique* de cette année et peut-être de plusieurs années, je continue à penser que mon voyage est écrit dans le grand livre d'Allah. Pourtant il a été tellement traversé, indécis, que je me prends encore à douter, et que je douterai jusqu'au premier flot de mer inclusivement. Imaginez-vous, même, que votre nouvelle de la recette générale me faisait croire que si l'idée vous était venue de dire à M. de la H. : J'ai votre homme à Curson, et qu'il vous eût répondu : Ça va, écrivez-lui ; j'aurais été presque en perplexité. Vous n'avez pas eu cette idée, c'est beaucoup à mes yeux ; d'ailleurs M. de la H. y aurait peut-être répondu tout drôlement. Ainsi c'est une lubie qui m'est passée par la tête, mais je vous prie de songer aussi au pourquoi elle y est passée. Quant à moi, voici l'explication que je m'en donne : le fait *industriel* en France est à Lyon, et c'est le fait politique *futur*, comme Alger est le fait politique *présent*. C'est Lyon que j'ai visité au retour; il fut mon premier et il est jusqu'ici mon seul point de contact avec le monde. Tout cela ne signifie probablement qu'une chose, c'est que *vous* y êtes, mais je peux facilement prendre pour moi ce qui vous concerne, nous nous touchons d'assez près; j'ai ferme conviction que *tout* ce qu'il y a à faire à Lyon de préparatoire, c'est vous et non pas moi qui devez le faire, que vous y avez la place et les antécédents convenables, et j'ajoute même que je vous gênerais plus que je ne vous aiderais. Toutefois ce casement d'Holstein à Lyon sort de l'idée politique, et il n'y a pas jusqu'au portrait de mon père, dont je vous parlais l'autre jour, qui ne me donne à penser. Que tout ceci ne soit qu'une masse d'indices pour l'avenir, c'est plus que probable, mais il n'en est pas moins vrai, je le répète, qu'entre une offre faite à Lyon par votre intermédiaire et par une *grosse* notabilité, et une offre faite à Alger par l'intermédiaire de Saint-Cyr et par un prince, j'aurais pu être assez embarrassé.

Je vous dis tout cela précisément parce qu'il me paraît positif maintenant que je vais à Alger, et parce que je suis sûr que vous puiserez, dans cette velléité lyonnaise qui m'a traversé le cœur, de nouvelles forces pour accomplir ce que vous avez à faire à Lyon, et m'y préparer un retour d'Afrique plus agréable encore que mon retour d'Egypte. J'ai étrenné Lyon par un bal chez vous ; je lui dis adieu par le mariage d'Holstein et son établissement en bonne case ; tout cela est bien et de bon augure, mais il me faut encore mieux que cela au retour.

Mes quatre lettres précédentes ont dû vous donner à penser, je crois, que cette cinquième vous fera un peu éclater la tête du côté des fi- lures que Prunelle vous y trouve ; empruntez à l'autre cassure un globule d'aconit, et le sang reprendra son cours normal.

Maintenant du raisonnable pour Holstein.

Ce que j'aimerais le mieux pour lui ce sont les assurances d'incendie, parce que c'est ce qu'il sait le mieux. Celles sur la vie lui sont, je crois, moins familières, et elles sont encore si rares en France que je doute que le 1 0/0 d'Au- guste fasse grand'chose. Quant à la recette, il y a là une responsabilité qu'il trouverait, je crois, lourde, et il serait d'ailleurs loin de trouver là l'indépendance complète qu'il aura au bureau des assurances. Je conçois que l'inspection des gaz lui sourie peu, parce qu'un tel inspecteur sera la bête noire des inspectés, et qu'il ne faut plus d'ailleurs qu'Holstein soit sur les grandes routes; il est homme de ville, et c'est bien assez pour lui d'avoir été quarante ans en voyage. Ses assurances et l'administration de la fortune de Madame, c'est ce que je vois de mieux pour lui.

J'ai toujours eu en grande vénération la perspicacité des dames; elles sont toutes prophétesses bien certainement dans l'ordre de la famille. Je n'ai donc pas été étonné, mais jai admiré la manière dont votre femme a été reçue dans sa fameuse visite, et j'aime beaucoup aussi le discours net et noble que la prophétesse lui a tenu. Après cela, que voulez-vous qu'on dise à celui qui lui baise les mains ? D'ailleurs *c'est sa nature*, et je ne crois pas que cela déplaise à la Sybille. Pour faire parler les sybilles dans l'ordre politique, les anciens étaient obligés de les battre : pour les faire parler dans l'ordre moral, il faut peut-être leur baiser les pieds.

Cependant comme votre femme n'aime pas cela, je l'embrasse tout bêtement sur les deux joues. Quant à vous, je vous serre la main. Adieu.   P. E.

CCLVIᵉ LETTRE

—

A ARLÈS

Toulon, 23 décembre 1839.

Il est donc enfin décidé, mon cher Arlès, que c'est le 24 décembre, veille de Noël, que je quitte la France. A pareille époque il y a trois ans, nous étions furieusement secoués, Duguet et moi, sur les côtes de Sardaigne; Dieu avait l'air de ne pas vouloir que je rentrasse encore. Anjourd'hui le temps est superbe et me promet très-belle traversée.

On expédie toujours des troupes, et on en attend encore pour toute la semaine prochaine. Marseille embarque la cavalerie, et Port-Vendres envoie aussi des régiments, et j'arriverai évidemment dans un moment fort intéressant.

Mon rhume m'ennuie toujours, je compte beaucoup sur la mer.

Le maire de Marseille, Consolat, qui est une ancienne connaissance de Russie et que je suis allé voir, a été, comme vous, enchanté du prince, et aujourd'hui j'entendais à table d'hôte un capitaine de vaisseau faire l'éloge du prince de Joinville ; il paraissait vrai. Un autre militaire ajoutait que toute la famille était fort remarquable, et chacun, bien entendu, a jetté une fleur sur la tombe de la pauvre princesse Marie. D'un autre côté, j'ai vu que Michel, rendant compte du livre de Brothier, parlait beaucoup de l'esprit de famille. Or, je crois bien que cette famille-ci est appelée à aider puissamment la transition de la famille féodale, copiée si servilement par Napoléon, la famille de l'avenir. Quoique les trois enfants qui se sont mariés aient cherché femme à peu près selon la mode ancienne, déjà elle a fait un double accroc au mariage catholique et a consacré la tolérance si admirablement transitoire de notre époque, dont vous êtes aussi vous même un signe ; mais elle a conservé dans ses unions les traditions politiques des ancêtres, la caste princière, si favorable, si indispensable dans l'origine à l'union des peuples, si peu utile dans ce but depuis des siècles, et qui d'ailleurs, dans les cas particuliers actuels, sauf pour la Belgique, est de peu valeur. Il faudra bien qu'il se produise dans cette famille qui a un si vif et si noble désir de bonne popularité, quelque chose d'analogue à la mise au collège des princes, quelque chose de populaire politiquement et moralement, quelque chose qui soit évidemment de cœur et non conventionnel et diplomatique. J'ai la conviction que cela sera ; c'est la vraie et la plus noble manière d'enterrer le duc de Bordeaux et en même temps la république.

Adieu donc, vieux amis ; l'esprit de famille est une belle chose, mais l'esprit d'affiliation morale, qui fait que le cœur choisit, au milieu du tourbillon du monde, ses élus pour la vie et pour l'éternité, est bien noble et bien doux aussi. C'est celui-là qu'il faudra installer aussi un jour, avec tout le culte que l'antiquité patriarcale savait donner à la famille, et c'est lui qui devra aider à limiter dans de justes bornes les exigences si souvent antisociales du foyer domestique.

Adieu, je vous embrasse comme en partant.

P. E.

CCLVII[e] LETTRE

AU GÉNÉRAL SAINT-CYR NUGUES

Alger, 2 janvier 1840.

Je t'ai écrit le 27 décembre en vue d'Alger, mon cher Saint-Cyr. Le même jour, en entrant à l'auberge, j'ai trouvé Auvray, sortant de dîner, dans l'escalier ; nous nous sommes embrassés et nous avons remis au lendemain pour causer.

Bory-Saint-Vincent n'est pas arrivé, et presque tous les membres de la commission sont ici. Je ne comprends pas ce retard.

On assure que le maréchal a vu et voit encore cette commission avec peine, et je le conçois fort bien, il doit voir dans plusieurs de nous des correspondants de journaux ou de députés, des faiseurs de brochures ou de livres, prêts à dire ce qu'ils voient et ne voient pas, enfin ce que Napoléon nommait des idéologues, et si Napoléon avait sa commission d'Egypte c'était lui qui l'avait voulue et choisie, et c'était à lui seul qu'elle avait affaire, et non à un chef particulier

et à un ministère; d'ailleurs la position française
en Algérie n'est pas comparable à notre campagne d'Egypte. Le maréchal a adopté très-
judicieusement ici des procédés mystérieux que
commande sa position, et qui s'allient peu avec
les goûts des gens qui font profession de lire,
écrire et raisonner. Ici pas de journaux, pas de
nouvelles, personne n'ose même faire des nouvelles, parce que chacun comprendrait que c'est
une fable ; on ne sait rien que par le bulletin
officiel rédigé chez le maréchal, ou par les nouvelles de France. Aussi, malgré les incendies des
fermes, et l'approche de quelques pillards arabes
jusqu'à deux lieues de la ville, n'a-t-on pas été
inquiet un seul instant dans l'Intérieur d'Alger.
La population indigène composée de juifs, de
marchands et boutiquiers maures, n'a pas pu
donner l'ombre des craintes de vêpres siciliens-
nes dont nos admirables journaux français nous
entretenaient ; tout ce qui avait du cœur et du
sang dans les veines a déjà depuis longtemps
fui Alger, on a pris, d'ailleurs, quelques précau-
tions qui rendaient un pareil événement tout à
fait impossible.

Le départ du général Rulhières a été une nouvelle occasion pour faire jaser les très-nombreux

critiques du pouvoir quel qu'il soit et du maréchal en particulier ; le fait est qu'il est affligeant de voir successivement les officiers généraux s'en aller, lorsque leur expérience du pays pourrait commencer à produire ses fruits ; on compte déjà une douzaine d'hommes (militaires ou civils) qui sont rentrés en France pour le même motif : c'est fâcheux. En même temps, les zouaves qui sont considérés comme les plus habiles soldats de l'armée, sont tenus à Koléah dans l'inaction. J'espère que l'intention du maréchal, en les plaçant là, sera parfaitement justifiée un jour, mais elle est jusqu'ici difficile à comprendre.

Auvray m'a dit que le duc d'O. l'avait remercié de lui avoir donné Urbain comme drogman, et je sais, d'ailleurs, que le prince a été effectivement très-bon pour lui ; il lui a donné un cheval, un très-riche porte-crayon en lui faisant écrire que c'était un souvenir de voyage, et la lettre portait un billet de 500 dont délicatement il n'était pas question. Il est retourné à Constantine. J'ai passé ces premiers jours à me caser dans mon auberge, et à parcourir la ville et ses environs. Le temps et le pays sont admirables. La ville a un peu l'air d'une petite ville de province pour qui connaît le Caire ; elle est

mesquine et vraiment ville de pirate, tandis que
la ville des Beys et Mameloucks d'Egypte est
grandiose. J'ai fait connaissance avec presque
tous mes collègues, qui me paraissent tous bons
à connaître ; je vis avec celui que j'avais retrouvé
à Toulon, Ravergie, dont je t'ai parlé, et nous
nous sommes l'un à l'autre une ressource dans
ces moments d'oisiveté. J'ai retrouvé aussi dans
l'artillerie et les ponts deux camarades d'école
polytechnique que j'ai eu plaisir à revoir.

Quoique ce soit peut-être prévoir les choses
d'un peu loin, je désirerais avoir ton conseil sur
l'idée suivante. Trois intimes amis que j'ai laissés
en Egypte y sont à la tête des trois principales
écoles : Lambert, ingénieur des mines, est directeur de l'école polytechnique (nom un peu pré-
tentieux, mais cependant on y travaille et on a
déjà obtenu au moins des professeurs arabes
assez distingués élevés en France et que, depuis
deux ans ou trois, Lambert a dressés à l'enseignement);Bruneau, ancien capitaine d'état-major,
ami de M. Bourjade, et qui avait servi dans l'artillerie, est directeur de l'école d'artillerie, et
enfin Peyron, médecin, après avoir été huit à
dix ans professeur à l'école de médecine, fondée
par Clot-Bey, en est maintenant le directeur. Le

seul Turc avec qui je me sois lié, et même assez intimement, est le général Edhem-Bey, ministre de l'instruction publique ; c'est lui qui était, il y a un an, en France, de retour d'un long voyage en Angleterre, et que je suis allé voir à Lyon à son passage. Linant, l'ingénieur en chef du barrage, est également un intime ami, avec qui j'ai vécu près d'une année sous la tente ; enfin Clot-Bey, Caviglia connu par des recherches archéologiques, et presque tous les hommes moins connus mais qui s'occupent de choses sérieuses, sont ceux que j'ai fréquentés pendant mes trois ans de séjour, et pour terminer ce long préambule, Cochelet, le consul, est un ancien ami de Russie.

Serait-il utile de provoquer en Egypte non l'envoi de France d'une commission, mais la création nationale, *Égyptienne*, d'un institut, mélange d'Arabes et d'Européens attachés au service du pacha, espèce de résurrection du grand institut d'Egypte, qui plus tard serait en rapport avec la commission d'Alger, et permettrait de combiner et compléter des travaux plus généraux sur l'Afrique ?

Le roi a aidé cette année le retour en Abyssynie de Combes qui était venu avec moi en

Egypte en 1833. Le voyage aux sources du Nil a été projeté dix fois, les fonds tout prêts et on n'a pas pu l'exécuter ; Lambert a fait le voyage des mines d'or et en a envoyé un mémoire en France au directeur des mines et à l'académie ; mais l'expédition manquait d'éléments scientifiques et n'avait presque que le caractère du spéculateur qui cherche l'Eldorado. Les intrépides voyageurs qui ont voulu explorer l'intérieur de l'Afrique ont pris par Maroc, le Sénégal ou le cap, mais les explorations par la rive gauche du Nil ont été rares quoique des caravanes de *musulmans* arrivent chaque année par là, pour aller, par la ville sainte, du Caire à la Mecque. Sans doute l'état actuel de l'Algérie ne fait pas espérer qu'un Français puisse prochainement aller de Constantine au Caire, mais c'est pourtant un voyage, que font actuellement encore *des musulmans*. Or, l'Egypte est le seul pays où *des musulmans* aient un peu repris le goût de la science, et j'ai la ferme conviction que, non-seulement pour la science, mais pour la politique et pour tous les moyens de civilisation en Afrique, nos relations, notre amitié avec l'Egypte nous serviront plus un jour que les canons ne nous servent aujourd'hui. En d'autres termes plus clairs peut-être, je crois que l'impuissance où la commission d'Algérie est et pourra être encore longtemps, de faire autre chose que de toucher des appointements, est un motif pour voir si d'autres que nous ne seraient pas en mesure de faire bientôt, en fait de sciences, et pour l'Afrique, beaucoup plus et beaucoup mieux que nous.

Et maintenant, s'il est utile de provoquer en Egypte la fondation d'un institut scientifique qui soit naturellement lié à la commission d'Algérie, crois-tu que je ferais bien de rédiger une note sur ce point, un peu plus soignée que cette rapide lettre, et que tu communiquerais à qui de droit, c'est-à-dire aux hommes qui en France peuvent aider la réalisation de cette idée, MM. Jaubert, Jomard, le ministre de l'instruction publique, le maréchal Soult, mais par dessus tout, le roi, à qui tous les travaux d'exploration scientifique sont familiers et sont chers? — D'un autre côté, je pousserais la chose par une correspondance avec l'Egypte; j'en ai déjà parlé et je suis sûr que le moindre signe d'un pareil désir, de la part de la France, serait suffisant, et que Mehemet-Ali s'empresserait de donner ce pendant à la charte du Sultan. J'ai à peine place pour te dire adieu et t'embrasser.   P. E.

CCLVIII LETTRE

—

AU GÉNÉRAL SAINT-CYR

Alger, 10 janvier 1840.

Je t'ai envoyé par le courrier précédent, mon cher Saint-Cyr, mes premières impressions d'Alger, et une note que je crois importante, au moins comme avenir. J'ai reçu depuis par Curson ta lettre du 19 décembre qui avait été retardée à Toulon par négligence de la poste. Les détails sur *ta visite* m'ont fait grand plaisir, et j'espère bien avoir l'occasion de répondre à ce qu'on attend de moi avec le temps.

Le colonel Bory est arrivé avant hier, et il paraît que son intention est que nous ne bougions pas d'Alger avant deux mois.

Lundi soir je suis allé chez le maréchal ; il y avait beaucoup de monde qui avait besoin ou envie de lui parler ; je me suis borné à la salutation, et j'ai un peu causé avec M. de Sales qui s'est informé avec intérêt de ta santé et qui savait la mort de Camille.

J'ai trouvé là et salué le général Galbois. J'attendais qu'il se rappelât la gracieuse réception qu'il m'avait faite quand je lui avais remis ta lettre ; mais il était préoccupé de son départ, et avait longuement entretenu le maréchal. Hier il est reparti pour Constantine avec des troupes.

On attend avec impatience ici la réponse de la Chambre à la phrase du discours du Roi sur Alger, mais surtout on s'inquiète de savoir si le duc d'Orléans viendra, ce qui paraîtrait une confirmation ou une désapprobation de l'adresse, selon ce qu'elle sera et ce qu'il fera. Je crois, en effet, que si l'adresse est défavorable à Alger, il doit venir, ou bien alors il faut renoncer à l'Algérie; si, au contraire, la Chambre met, comme le roi, l'intérêt d'Alger au rang des intérêts *permanents* de la patrie, il me semble que ce serait folie à l'héritier du trône de France de venir s'exposer (ou plutôt exposer l'armée et la France) a être pris par un bédouin.

Les réflexions que j'ai faites depuis que je t'ai envoyé ma note sur l'Egypte, n'ont fait que me confirmer dans l'utilité politique et scientifique de la mesure en question. J'en suis encore convaincu davantage, depuis une longue conversation que j'ai eue hier avec M. Lepescheux, directeur de l'instruction publique en Algérie, qui m'a confessé la nullité des résultats obtenus ici, soit pour faire enseigner l'arabe aux Européens, soit pour apprendre le français à des musulmans.

— Je compte voir souvent M. Lepescheux et je pense bien qu'une des premières notes que je pourrai t'envoyer sera relative à la manière dont l'instruction publique est entendue ici, et qui me paraît, au moins au premier abord, bien fautive.

Je ne vois ici, dans les cafés les plus fréquentés, que le *National*, le *Siècle*, le *Charivari* et tout au plus le *Temps*, ce qui dénote un assez pauvre esprit dans l'armée, mais cela indique aussi un oubli dans l'emploi de *fonds de réserve*. A ce sujet, Auvray m'a dit que le maréchal avait renvoyé, pour la première année de son gouvernement, plus de la moitié de ce fonds, ne l'ayant pas employé. Si cela était et malgré la source, je n'y peux pas croire ; ce serait une preuve que le maréchal ne comprend pas du tout les Arabes, ni même les Français de nos jours. Ce fonds est, je crois, de deux cent mille francs et me semble bien plutôt au-dessous qu'au-dessus du besoin ; deux cent mille francs de fonds réservés doivent faire beaucoup plus de bien qu'un régiment qui

coûte beaucoup plus. Le canon n'est pas seu
l'*ultima ratio.*

Je t'embrasse de tout mon cœur.

P. E.

Paris, imprimerie Paul Dupont, rue Jean-Jacques-Rousseau, 41. (4672.2.73)